엄마 얘기 한번 들어볼래?

예순여덟, 엄마의 글쓰기

양옥선

살다 보면 생각지도 못한 어려운 일이 찾아오기도 하고,
예상하지도 못한 복을 만나기도 합니다.

아이들이 지금처럼 어려울 때는 함께 의논하고,
기쁠 때 함께 기뻐해 주면서 살아갔으면 좋겠습니다.
마음을 의지하면서 지혜롭게 살아갔으면 좋겠습니다.

나중에 남편과 제가 떠나고 난 후에도 말입니다.

- 바라는 것이 있다면 -

엄마 얘기 한번 들어볼래?

예순여덟, 엄마의 글쓰기

양옥선

담:다

목 차

프롤로그 지금 내가 서 있는 곳

68번째 가을을 맞이합니다

7남매의 맏이	18
어떻게 지나가나 했는데	20
우정동 삼거리 영천 상회	22
나도 집을 갖고 싶다	25
집이 전부는 아니었습니다	27
불행은 한꺼번에	29
희망은 있다	31
그럼에도 불구하고	34
살아봐야 안다	38
구인사에 마음을 기대어	45
가난을 물려주고 싶지 않았어요	47
새벽별 같은 아버님	49
아버님 죄송합니다	52
세 아이, 세 가족	54
꼬봉아 미안해	56

뿌린 대로 거둔다

아이 둘만 낳아 잘 키워야 한다	68
조금만 더 기다려주시지	70
지금 할 수 있는 유일한 것	73
잃어버린 일기장	75
모든 인연에 감사하며	77
여동생이 여섯	79
처음 입어본 드레스	83
내리사랑	85
원인 없는 결과는 없다	87
한 번뿐인 인생	91
무엇이든 마음을 다해	94
환갑상을 선물 받다	97
짐이 되고 싶지 않습니다	99
아주 가끔은 허무합니다	101
장롱면허증, 꼭 저 같아요	103
엄마, 미안해요	106

예순여덟, 바라는 것이 있다면

대왕암 나들이	113
함께 살아가는 세상	115
이왕이면 좋은 말, 따뜻한 말	118
돈의 노예가 되지 않기를	121
바라는 것이 있다면	123
독신도 괜찮을 것 같아요	127
어느 할아버지의 유언	129
자만하지 않기를	132
죽음의 복	135
누구나 가슴에 하나씩 아픔이 있다	137
걱정이 너무 많은 것도 문제	139
그놈의 술이 뭐길래	143
어느 할머니의 사연	146
관세음보살 십자수	149
무자식이 상팔자라고 하지만	151

에필로그 후회 없이 살고 싶다
　　　　　우리는 '누군가의 기도'로 살아간다

프롤로그 지금 내가 서 있는 곳

"엄마, 글 한번 써봐. 내가 책으로 만들어줄게"

몇 년 전부터 딸이 친정에 올 때마다 이야기했습니다.
 "매일 한 페이지만 써봐"
 "마음에 있는 말, 하고 싶은 말 있잖아. 그걸 쓰면 되는 거야"
 "아쉬웠던 것, 좋았던 것, 쓰고 나면 다 좋아질 거야"
그런 딸에게 저는 늘 이야기했습니다.
 "글은 무슨? 책은 아무나 쓰는 게 아니잖아"

사실 말은 그렇게 내뱉었지만, 속으로 무엇이든 쓰고 싶다는 생각이 저를 떠나지 않고 있었습니다.
그러다 일 년 전쯤, 딸이 집에 왔을 때 노트 한 권을 보여주며 말했습니다.
 "엄마가 여기에 한번 써볼게. 그냥 마음대로 쓰면 되는 거지?"
 "그래, 엄마. 정말 무엇이든 쓰고 싶은 것을 마음대로 쓰면 돼. 잘 생각했어"

딸의 든든한 응원 아래 정말 그날부터 생각나는 대로, 마음대로 적어내려갔습니다. 한 페이지를 쓴 날도 있었고, 거뜬하게 2장을 넘긴 날도 있었습니다. 또 어떤 날에는 단 한 줄도 써지지 않아서 고생한 날도 제법 많았습니다. 제사 또는 집안 행사가 겹치는 날에는 하루, 이틀 쉬기도 했습니다.

몸이 아프거나 마음이 지친 날도 그냥 지나갔습니다.
그렇게 어느 정도 시간을 보낸 어느 날의 일입니다.
집에 있는 딸의 「살자, 한번 살아본 것처럼」라는 책을 살펴보니, 제가 쓴 글이면 충분할 것 같다는 생각이 들었습니다.
그래서 딸에게 전화해서 한번 다녀가라고 했습니다.
"딸, 엄마 글 다 썼어. 이 정도면 충분하겠어"
들뜬 목소리에 딸아이는 한달음에 달려왔고, 이리저리 한참 동안 노트를 살펴보더니 웃으면서 제게 이야기를 했습니다.

"엄마, 책을 만들려고 글을 다듬으면 거의 절반 정도 줄어들어. 이 정도로는 부족하겠는데"
"그래? 네 책이랑 비교하면 비슷하겠던데"
"엄마, 저 책도 처음 쓴 글에서 절반 이상 줄어든 거야"
글이 절반 이상 줄어든다는 소리에 다시 노트를 붙잡았고, 그렇게 일 년을 채웠습니다. 노트를 모두 채우지는 못했지만, 딸에게 노트를 건네주며 말했습니다.
"딸, 정말 더 쓰라고 해도 쓸 말이 없어. 이게 최선이야"

아이들이 자랄 때는 뒷바라지에 정신없었고, 공부를 마치고 난 뒤에는 취직, 결혼 걱정에 마음 편하게 지내본 적이 별로 없었습니다. 지금은 막내까지 결혼해 아이 낳고 가정을 이뤄 살고 있지만 그래도 걱정은 여전합니다. 밥 먹고 살아가는 일이 힘들지는 않은지, 일이 너무 많아 몸이 축나지는 않은지, 손자, 손녀들은 아무 탈 없이 잘 지내는지 궁금한 게 많습니다. 어른들 얘기처럼 눈 감으면 잊을까, 자식은 부모에게 그런 존재인 것 같습니다.

육십을 넘으면서부터는 알 수 없는 감정들로 인해 우울해지는 날이 많아졌습니다. 시간이 조금 더 지나고 나면 저절로 나아지는 경우도 있지만, 알 수 없는 아쉬움과 억울함, 서운함 때문에 마음이 복잡해 아무것도 손에 잡히지 않는 날이 많았습니다.

그런 제 마음을 딸이 눈치챘던 모양입니다.

딸의 권유로 시작한 글쓰기였는데, 누구도 아닌 제 자신에게 뜻깊은 시간이었습니다. 살아온 시간을 정리해보는 느낌이 좋았고, 소중한 것을 되찾아오는 느낌도 좋았습니다. 글을 쓰는 것이 쉽지는 않았지만, 무엇과도 바꿀 수 없는 소중한 경험이었습니다.

'호랑이는 죽어서 가죽을 남기고, 사람은 죽어서 이름을 남긴다'라는 말이 있는데, 책 한 권을 남길 수 있게 되어 얼마나 감사한지 모르겠습니다.

이번 책이 알지 못하는 세월을 살아가는 세대와 소통의 시간이 되기를 희망해봅니다. 그리고 같은 시대를 살아온 세대에게는 따뜻한 위로의 시간이 되었으면 좋겠습니다.

감사합니다.

2018년 9월 양옥선

지구에 사는 65억 명이 전부 다르듯이
365일 어느 하루도 같은 날은 없어.
우리가 예상할 수 없는 일들이 매일 일어나지.
그러니 항상 겸허한 마음으로 살아야 하는 거야.
우리를 죽음으로 몰고 가는 것은 병든 육체가 아니라 절망이야.
좋은 날이 올 거라는 희망을 갖고,
지금 이 순간에 충실하면 되는 거야.

- 「어른 공부」 중에서

68번째 가을을 맞이합니다

7남매의 맏이

저는 가난한 집안 7남매의 맏이로 태어났습니다. 없는 살림에도 '조상님에게 정성을 다해야 한다'라는 철학으로 살아오신 친정아버지는 엄하면서도 누구보다 속정이 깊은 분이셨습니다. 육 남매의 둘째로 태어났지만, 큰형님이 일찍 돌아가셔서 저절로 맏이 역할을 떠안았던 친정아버지는 가족을 위한 희생은 당연하다고 말씀하셨습니다. 그랬기에 남동생의 꿈을 이뤄주기 위해 자신의 삶을 바치는 것은 친정아버지에게는 마땅한 도리였고, 의무였습니다. 그런 친정아버지가 칠순이 되던 해에 세상을 떠나셨습니다.

조상님에게 지극정성이셨던 친정아버지를 왜 그렇게 빨리 데려가는지 하늘이 원망스러웠습니다. 하지만 그런 원망에도 아랑곳하지 않고 하늘은 3년 후 하나밖에 없었던 남동생도 데려갔습니다. 그때의 상실감을 무엇으로 표현할 수 있을지. 남동생이 세상을 떠난 지 20년이 지났지만, 여전히 남동생 생각이 많이 납니다. 친정아버지를 닮아 유난히 정이 많았던 남동생은 누나 집에 올 때마다 무언가를 잔뜩 들고 찾아왔고, 그날 저녁이면 저희 집에 모두 둘러앉아 맛있게 음식을 먹고 이야기를 나누었습니다.

제가 이 정도인데, 친정엄마의 마음은 무엇으로 설명할 수 있을까요. 자식이 죽으면 가슴에 묻는다고 했는데 친정엄마는 아직도 가슴에 묻지 못한 채, 떠나간 아들을 그리워하며 살아가고 있습니다. 생전에 친정아버지는 늘 이렇게 말씀하셨습니다.

'조상님에게 정성을 다하고 살면 모든 일이 잘 된다'

그런데, 아무리 생각해봐도 꼭 그런 것 같지 않습니다. 정성을 다하고, 감사한 마음으로 사는데도 힘든 일이나 아픈 일이 잊지 않고 찾아옵니다. 예상하지도 못한 일, 상상조차 해보지 않았던 일들로 인한 상처가 여기저기 얼마나 많은지 모르겠습니다. 칠십 년 가까이 살아왔지만 아직도 잘 모르겠습니다. 정성을 다하며 살고, 착하게 사는데도 왜 어려운 일이 생기는지. 누구 때문이라고 설명할 수 없는 일이 왜 찾아오는지. 조금 더 살고나면 그때는 설명할 수 있을까요?

어떻게 지나가나 했는데

경주 시내에서 태어나고 자란 저는 농사 경험이 전혀 없었습니다. 1974년 결혼 후, 시골에서 신혼살림을 시작했는데 많이 힘들고 어려웠습니다. 할 줄 아는 것이 없고, 무엇을 해도 깔끔하게 마무리되는 것이 없었던 터라 마음은 괴롭고 몸은 피곤했습니다. 그런 제가 답답해 보였는지, 얼마 후 시아버님께서 도시로 나가 생활하는 것이 좋지 않겠냐고 이야기하셨습니다. '이대로는 안 되겠다'라는 생각을 하셨던 모양입니다. 남편과 저는 고민이 깊었지만 결국 울산으로 나오기로 결정했습니다.

어렵게 전세 30만 원짜리 방 하나를 구했습니다. 그리고 얼마 후 딸이 태어났습니다. 하지만 얼마나 많이 울고 보채는지, 아이를 키우는 일은 마음처럼 쉽지 않았습니다.

거기에 아이가 밤낮이 바뀌어서 낮에는 잠을 재우지 않기 위해 이집 저집으로 옮겨 다녀야 했고, 밤에는 옥상에 올라가 밤새 서성거리면서 재워야 했습니다. 그것도 여의치 않으면 방 안에서 남편과 제가 아이를 번갈아 안고 흔들면서 재웠습니다.

그런 아이를 두고 주인집 아저씨는 매일 이렇게 말했습니다.
"수영이는 울산에서 시집 못 가요. 너무 울어대고, 별나서 동네에 소문이 다 났어요"
그렇게 열심히 울어대던 딸이 벌써 결혼을 해 두 아이의 엄마가 되었습니다. 시간이 언제 이렇게 갔는지 모르겠습니다. 아이를 키우는 동안 '언제 다 키우지, 얼른 지나갔으면 좋겠다'라는 생각을 자주 했었는데, 생각했던 것보다 훨씬 더 빨리 지나간 것 같습니다.

아마 제가 그랬던 것처럼 딸도 손자, 손녀를 키우겠지요.
우는 아이 달래고, 웃는 아이 얼굴 보며 마음을 달래겠지요.
넉넉하지 않아 어려웠고, 마음만으로 살기엔 힘에 부쳤던 시절, 그래도 아이들이 있어 견뎌낼 수 있었던 것 같아요.
아니, 아이들을 위해 견뎌냈던 것 같아요.

우정동 삼거리 영천 상회

남편이 현대자동차에서 월급을 한 달에 8만 원씩 받던 때였습니다.

어느 날 주인집에서 방을 하나 더 끼워 월세를 받는다는 바람에, 부득이하게 우리 가족은 두 번째 이사를 했습니다. 어렵게 이사를 해 작은방 하나에서 온 가족이 함께 생활하고 있었는데, 얼마 지나지 않아 둘째가 태어났습니다. 하지만 방이 너무 비좁아 생활하는 것이 많이 불편하고 힘들었습니다. 어쩔 수 없이 다시 방을 구하기로 마음먹은 남편과 저는 한 아이는 등에 업고, 또 한 아이는 안고 여기저기 찾아다니기 시작했습니다. 그러다가 찾아가게 된 곳이 우정동 삼거리 영천 상회입니다.

진짜 어렵게 구했습니다. 앞에는 가게, 뒤에는 방이 있는 전세금 40만 원짜리 방이었습니다. 계약서는 꼭 받아야 한다는 친정아버지 말씀에, 태어나서 처음으로 계약서라는 것도 써봤습니다. 하지만 나중에 그 집에서 나올 때 주인집에서 계약서를 쓴 적이 없다고 우기는 바람에, 얼마나 고생했는지 모릅니다.

버젓이 있는 계약서를 두고도 '자기는 안 썼다'라고 우기는데, 진짜 황당했습니다. 몇 날 며칠, 그러니까 거의 한 달 가까이 싸워 겨우 전세금을 받았습니다. 가진 것이 없는 것도 서러운데, 돈이 없다고 이렇게 함부로 대하나 싶어 그 기간 동안 마음 편하게 잠을 잔 기억이 없습니다.

살다 보면 잊으려고 노력하지 않아도 저절로 잊히는 게 있는가 하면, 잊고 싶은데 잊히지 않고 오래 기억에 남아있는 것이 있습니다. 우정동 삼거리 영천 상회, 그곳이 제게는 그중의 하나입니다. 굳이 기억하고 싶지 않은데, 한 번씩 생각납니다. 가난에 대해, 집 없는 설움에 대해 그때만큼 속상했던 적이 없었던 모양입니다.

나도 집을 갖고 싶다

영천 상회에서 6개월쯤 생활했을 때였습니다. 주인집 아저씨가 자기 딸이 결혼을 했는데 방이 없어 함께 살게 되었다고 말하면서 저희에게 방을 구해 나가라고 얘기했습니다. 지금 같으면 '말도 안 되는 일'이라고 말했을 턴데 그때는 '오죽 돈이 없으면 처가에 들어올까' 싶어 남편과 저는 방을 알아보러 다녔습니다. 각자 한 명씩 아이를 등에 업고 남편이 쉬는 일요일마다 여기저기 구하러 다녔습니다. 방을 구하러 다니는데, 얼마나 서러웠는지 모릅니다. 아이가 둘이라고 문전박대 당하는 것은 예사였는데, 연세 있는 분들도 다르지 않았습니다. 오죽하면 남편이 "자기 자식들도 아기 낳을 턴데"라는 말을 했을 정도였으니까요.

우여곡절 끝에 어렵게 전세 70만 원에 월세 10만 원짜리 방을 구했습니다. 하지만 '산 넘어 산'이라고 하더니, 주인집 할머니가 보통이 아니었습니다. 어찌나 무서운 분인지, 빨래도 많이 하지 마라, 사람도 오지 않도록 해라, 마당에 시멘트 닳지 않도록 해라, 그뿐만이 아니었습니다.

옥상에 올라가 빨래가 몇 개인지 세고 계시는데, 진짜 무서웠습니다. 그러면서 처음으로 '욕심'이라는 것이 제게도 생겼습니다.

'나도 집을 갖고 싶다'
'어떻게 하면 집을 가질 수 있을까?'
'무서운 할머니 없는 곳에서
 마음 편하게 빨래할 수 있는 방법은 무엇일까?'

집이 전부는 아니었습니다

내 집에 대한 욕심이 금전적인 문제로 꿈도 꾸지 못하고 있을 때, 아시는 분의 권유로 어떤 집을 보게 되었습니다. 그때 큰 아이가 4살이었는데, 새로 지은 집이 너무 좋아 보여 집에 대한 욕심이 있었던 남편과 저는 앞뒤를 가려보지 않고 덜컥 계약을 하고 말았습니다.

문제는 그다음이었습니다.

집값 천만 원. 수중에 지닌 돈을 포함해 방 세 개, 식당 딸린 방까지 모두 월세를 준다고 생각하고, 여기저기에서 돈을 빌려보았지만, 아무리 애를 써도 오백만 원이 부족했습니다. 해 볼 수 있는 모든 방법을 동원했지만 더 이상 어떻게 할 수가 없었습니다. 어쩔 수 없이 남편과 저는 시아버님에게 도움을 청하기로 했습니다. '사정을 말씀드리고, 조금만 도와주세요'라고 얘기하기로 했습니다. 하지만 시아버님을 포함해 다른 가족들이 많이 놀랐던 모양입니다. 남편은 빈손으로 돌아왔고, 밤마다 남편과 저는 서로의 잘잘못을 따지며 '이제는 어떻게 하나?'라는 걱정으로 밤을 지새우고 있었습니다.

그렇게 걱정만 하면서 하루, 하루 보내고 있는데, 잔금 치루는 날 시동생과 시아버님께서 남편과 저를 찾아오셨습니다. 잔금 오백만 원을 가지고. 정말 어렵게 얻었습니다. 어렵게 얻게 된 만큼 두 배로 행복했으면 좋았겠지만, 없는 돈으로 시작한데다가 여기저기 눈치가 보여 얼마나 힘들었는지 모릅니다. '차라리 이 집 팔고 작은방으로 갈까?'라는 생각을 수십 번도 더했습니다. 그런데 그 집에서 삼십 년 가까이 살았습니다. 막내가 태어나고, 큰 아이가 시집가기 전까지 온 식구가 그곳에서 살았습니다.

정말 '집만 있으면 소원이 없겠다'라고 생각했었는데, 살아보니 집이 전부가 아니었습니다. 소원하던 집을 얻었지만, 그 이후에도 수많은 고비와 아픔이 찾아왔고 그때마다 다른 소원이 생겨났습니다.

불행은 한꺼번에

불행은 한꺼번에 찾아오는 것 같습니다.
집 문제도 집 문제였지만, 남편이 갑자기 현대자동차를 그만두게 되었습니다. 서울로 현대자동차 자재를 실어 나르는 기사분이 계셨는데, 자기 차를 수리하는데 필요하다고 해서 남편이 부품을 하나 주었나 봅니다. 그런데 기사분이 남편 몰래 그 자재를 다른 곳에 팔아버린 거예요.

그 당시 현대자동차 자재가 없어지는 일이 워낙 많아, 회사에서는 잃어버린 자재에 대한 수배를 내리고 있었는데, 남편이 그 일에 연루되어 서울로 압송된 것입니다. 날벼락도 이런 날벼락이 없었습니다. 남편과 같은 회사에 근무하는 분에게 처음 소식을 전해 듣고 얼마나 놀랐는지 모릅니다. 애타는 마음으로 열흘쯤 기다렸을까요, 남편이 경찰서에서 조사를 끝내고 구치소로 넘어갔다는 연락을 받았습니다.

그날, 밤차를 타고 서울 구치소에 면회를 갔습니다.
셋째를 임신한 몸으로 새파란 죄수복을 입은 남편을 마주하고 서 있는데, 하늘이 무너지는 줄 알았습니다.

정말 어떻게 이런 일이 우리 가족에게 생겼는지, 어떻게 이런 말도 안 되는 일이 생겼는지, 누구라도 붙잡고 묻고 싶었습니다. 그런 제 마음을 아는지 모르는지, 수위실의 아저씨가 옆에서 이렇게 말씀하셨습니다.

"이 사람들아!
여기는 지하실로 들어와 지하실로 나가는 곳이야"

희망은 있다

'어떻게 하면 좋을까' 걱정하며 울산으로 돌아와 방법을 찾고 있는데, 아주 큰 잘못이 아니면 벌금을 내고 나올 수 있다는 얘기를 들었습니다. 벌금 50만 원. 머뭇거릴 이유가 없었습니다. 남편과 저를 잘 아는 분에게 사정을 이야기하고 돈을 빌려 다시 밤차를 타고 서울로 향했습니다.

오래된 슬리퍼, 월남치마, 스웨터 하나를 걸치고 서울에 도착했습니다. 그때는 큰 아주버님이 동행해주셨습니다. 법원 담당 검사를 만나러 가는데, 함께 들어가려는 저를 큰 아주버님께서 달래며 얘기하셨습니다.
 "제가 먼저 만나보고 안 되면 그때 다시 같이 가요.
  가서 제가 잘 말해보고 올게요"
초라한 골목로 밖에서 한참을 기다리고 있는데, 큰 아주버님께서 제게 걸어오면서 말씀하셨습니다.
 "제수씨, 우리 보자기 사러 갑시다"
 "예? 보자기요? 거짓말하지 마세요"
 "아니에요. 검사님이 그러는데 동생은 절대 그런 일할 사람 아니라고 얘기하면서 벌금 안 내도 된다고 하셨어요.
 오늘 밤에 나올 수 있대요"

"네? 진짜예요? 거짓말하는 거 아니시죠?"
그날 법원을 걸어 나오면서 큰 아주버님에게 몇 번을 물었는지 모릅니다.
깜깜한 밤, 구치소 앞에서 남편을 만났습니다.
남편에게도 검사님이 똑같이 말씀하셨다고 했습니다.
"당신은 절대 그런 일할 사람 같지 않으니 벌금 안 내도 됩니다. 대신 다음에 그런 일 있으면 형님과 함께 벌 줄 겁니다"
지금껏 살아오는 동안 한 번도 잊어본 적 없는 고마운 이름을 처음으로 밝힙니다.

변진우 검사님. 진심으로 감사했습니다.
덕분에 남편과 저, 이렇게 잘 살고 있습니다.
진심으로 감사합니다.

그럼에도 불구하고

남편이 집으로 돌아와 얼마 되지 않았을 때입니다. 마음고생, 몸 고생이 얼마나 심했는지 남편이 그만 장티푸스에 걸렸습니다. 남편은 곁에 연탄불을 두고도 몸을 덜덜 떨었고, 두 아이와 임신한 저는 너무 더워 마룻바닥에서 생활했습니다. 남편을 챙기고 두 아이를 보살피는 생활은 임신한 제게는 아주 힘든 일이었습니다. 하지만 누가 대신해줄 수 있는 것도 아니었습니다.

그때 셋째가 태어났습니다. 태교는 커녕, 마음 편하게 지낸 날이 얼마 되지 않아서인지 몸이 많이 약했습니다. 그런 셋째를 두고 누가 '쟤는 개구리 같다. 아무래도 사람 되기 힘들겠다'라고 말했다는 소리에 얼마나 속상했는지 모릅니다. 돈이 없어 병원도 갈 수 없는 데다가, 백일동안 젖몸살이 겹치면서 몸도 마음도 많이 지쳐갔습니다.

정말 이러다가 죽을 수도 있겠구나, 라는 생각이 들 정도였습니다. 무엇을 해 보고 싶어도 할 수 있는 것이 별로 없었지만, 그렇다고 포기할 수도 없었습니다. 돌이켜 생각해보면, 어떻게 그 시절을 지나왔나, 싶습니다.

남편이 아파 회사를 몇 달 쉬면서 그렇잖아도 없는 살림은 더욱 어려워졌습니다. 아는 분에게 돈을 빌려 생활하고, 돈이 조금 모이면 빌린 돈을 갚고, 다시 돈이 없으면 돈을 빌리러 가고, 돈이 모이면 다시 돈을 갚는 힘든 생활의 연속이었습니다. 빌리면 갚고 빌리면 갚았습니다. 이게 전부였습니다. 정말 집 없는 설움과 '집을 가지고 싶다'라는 간절함으로 집을 얻기는 했지만, 단 하루도 마음 편하게 잠을 자 본 적이 없습니다. 감당하지도 못할 일을 저질렀다는 생각에 후회도 참 많이 했습니다.

그러던 어느 날 '도저히 이대로는 안 되겠다'라는 생각에 어떻게든 돈을 벌어야겠다는 생각을 했습니다. 진짜 그때는 '돈을 모아야겠다'라는 생각, 하나뿐이었습니다. 그래서 작은방 하나, 거실 하나만 사용하기로 결정하고 나머지 모든 방은 세를 놓았습니다. 밥상을 들고 아침, 저녁으로 대문 앞을 다녀야 한다는 것이 힘들것 같았지만, 돈을 모을 수 있다는 생각에 견딜 수 있을 것 같았습니다.

그렇게 5년 동안 밥상을 들고 다녔습니다. 여름은 너무 더웠고, 겨울은 너무 추웠습니다. 힘들다고 투정 부릴 수도 없었습니다. 돈이 필요했으니까, 돈을 모아야 했으니까. 돈을 빌리고, 빌린 돈을 다시 갚는 생활을 계속 반복할 수는 없으니까, 꾹 참아야 했습니다.

친정아버지는 늘 제게 말씀하셨습니다.
"맏이가 잘 해야 동생들이 잘 된다"
친정아버지의 말씀처럼 잘 하려고 노력하고, 잘 되게 하려고 애를 썼습니다. 그것이 당연한 줄 알고 살았습니다.
힘들어도 '나는 맏이니까, 조금 더 참아야 해'라는 마음으로 견뎠습니다. 하지만 가끔은 친정아버지에게 묻고 싶었습니다.

"아버지, 왜 맏이는 잘 해야 되나요?"

살아봐야 안다

어른들이 자주 말씀하셨습니다.
"살아봐. 살아보면 무슨 말인지 알게 될 거야"
칠십 년 정도 살아보니 이제 조금 알 것 같습니다.
그 얘기가 무슨 말인지, 어떤 의미인지.

누구에게나 삶의 고비가 찾아오겠지만, 제게도 큰 아픔이 세 가지 있습니다. 그중의 한 가지가 1984년의 교통사고입니다. 당시 큰 아이가 10살, 둘째가 9살, 막내가 6살이었습니다. 시아버님 생신을 함께 모여 의논하기 위해 언양(큰집)으로 가던 길이었는데, 가로수와 나무가 뿌리째 뽑히는 대형 교통사고가 일어났습니다.

그때 남편은 회사 차를 운전 중이었는데, 차가 앞으로 몇 바퀴를 굴렀는지 모릅니다. 하여간 그렇게 굴러가다 멈췄고, 막내와 저는 유리창 밖으로 튕겨나갔습니다. 다행히 큰 아이와 둘째는 친정 여동생이 집에서 돌봐주고 있었습니다. 얼마나 시간이 흘렀는지 모르겠지만, 한동안 의식을 잃고 쓰러져있었습니다. 그런데 그 순간, 정말 어떻게 말로 표현할 수 없는, 신기한 일을 경험했습니다.

회색 승복을 걸친 어떤 스님이 제게 오시더니 '왜 이렇게 누워 있느냐. 이렇게 누워 있으면 죽는다'라고 제 **뺨**을 마구마구 때리는 것이었습니다. 꿈인지 생시인지 도무지 분간할 수 없었습니다. 그러다가 번쩍 눈을 떴는데, 반대편에서 달려오는 차량의 불빛 때문에 눈이 부셨습니다. 그제서야 어떤 상황인지, 어떤 일이 벌어졌는지 알 수 있었습니다.

눈에 띄는 대로 이것저것 소지품을 챙기면서 남편을 찾기 시작했습니다. 여기저기 고개를 돌리면서 남편을 찾고 있는데, 차 밑에 깔려있는 남편이 보였습니다. 조심스럽게 손을 밀어 넣어 남편을 만지는데, 머리가 벗겨졌다고 해야 하나, 머리가 완전히 분리된 느낌이었습니다. 무서웠습니다. 예전에 사촌 시동생이 교통사고로 죽은 기억이 떠오르면서 온몸에 소름이 돋았습니다. 남편이 죽을지도 모른다는 생각에 무작정 반대편 도로로 달려가 지나가는 차를 향해 살려달라고 외쳤습니다.

"살려주세요"
"살려주세요"

앞니가 여섯 개나 부러지고, 입술이 터지고 온몸이 상처투성이였는데, 어디서 그런 힘이 나왔는지 모르겠습니다.

어떻게든 차를 붙잡아야 한다, 어떻게든 남편을 살려야 한다는 생각뿐이었습니다. 그때, 조금 떨어진 곳에서 새파란 화물차가 한 대 달려오고 있었습니다. 무조건 매달렸습니다.

"도와주세요"
"저 좀 도와주세요"

정말 그분들 덕분에 살았습니다. 의식 없는 남편을 조수석에 계시던 분까지 함께 내려 짐차에 태웠습니다. 드르륵, 시동을 걸어 차를 출발시키려고 하는데, 그 순간 차량 불빛 너머로 잔디에 누워있는 막내의 모습이 보였습니다.
"아저씨, 아저씨! 저기 우리 아들이 있어요"
"우리 아이 좀 살려주세요. 저기 밑에 우리 아이 좀 살려주세요"
차를 두드리며 고함치는 소리에 기사분이 내려 막내를 데려와주었습니다.

남편과 막내까지 함께 병원으로 향했습니다. 그때 남편의 머리가 벗겨진 상태라 저는 남편의 머리를 붙잡고 있어 막내를 챙길 수가 없었습니다. 포터가 움직이면서 어린 막내가 이리저리 부딪쳤는데, 그 모습이 걱정스러웠는지 조수석의 아저씨가 내려 막내를 잡아주었습니다.

"살려 주세요. 어서 빨리 가주세요"

그 와중에도 의식이 있었는지, 응급실에 도착하자마자 남편을 바닥에 질질 끌고 가는 의료진의 모습에 기가 막혔습니다. 무성의한 의사와 간호사들에게 항의하듯 따졌습니다.
"왜 사람을 그렇게 질질 끌고 가요!!"

한바탕 소동이 일으킨 후, 두 아이를 돌봐주기 위해 집에 와있던 여동생에게 전화를 했습니다. 사고 소식을 전했고, 제부를 통해 회사에 상황을 전하라고 했습니다. 제가 그렇게 전화를 하는 동안, 모든 의료진이 달려들어 남편의 의식을 살리기 위해 노력하고 있었는데, 아무리 해도 반응이 없었습니다. 어떤 미동도 없었습니다. 순간 그런 생각이 들었습니다.
 '아, 남편이 죽었구나. 진짜 죽었구나'
다리에 힘이 풀리면서 그 자리에 주저앉고 말았습니다.
그리고는 그 이후에 어떤 일이 있었는지 전혀 기억이 나지 않습니다.

눈을 떴을 때, 윗입술을 꿰매고 있었습니다. 온몸이 아팠지만, 의식은 그 어느 때보다 또렷했습니다. 남편 회사의 직위 높은 분은 물론, 시댁과 친정 식구들까지 모든 가족들이 곁에 있었습니다. 불길했습니다.
힘들게 말문을 열었습니다.
"애기 아빠 죽었죠?"

"아니, 조금 있으면 와"
"거짓말하지 마세요. 이미 죽었잖아요"
"아니라니까"
모두가 저를 속이고 있다고 생각했습니다. 의식이 없이 쓰러져있는 남편의 모습을 기억하는데, 저를 안심시키기 위해 거짓말을 한다고 생각했습니다. 바로 그때 들렸습니다.
"수영아, 내다"
절망 속에서 들려온 구원의 목소리였습니다.
그렇게 남편은 생사의 고비에서 우리 가족에게 돌아왔습니다.

하지만 인생은 진짜 호락호락하지 않았습니다. 외상이 심했던 남편과 달리, 외상이 하나도 없었던 막내의 머리에 조금 금이 갔다는 소식을 전해 들었습니다. 막내의 결과를 두고 의사선생님이 얼마나 겁을 많이 주셨는지 모릅니다. 막내 이야기에 제 몸 아픈 것은 문제도 아니었습니다.
 "아이가 20살이 될 때까지 조심하세요.
 많이 조심하지 않으면 진짜 큰일 납니다"
간절히 빌었습니다. 부처님께 빌고 또 빌었습니다.
 '제발, 제발 아무 일없이 자라주기를'
 '건강하게만 자라주기를'

지치고 무거운 마음으로 병원에서 40일정도 보내고 퇴원했습니다. 그게 벌써 34년 전입니다.

교통사고 이후 막내는 어디에도 보낼 수가 없었습니다. 유치원이든, 어디든 보낼 수가 없었습니다. 누나와 형처럼 자기도 어디 가고 싶다고하도 우겨서 작은 가정집 미술학원에 보내준 것이 전부입니다. 가정집 미술학원에 보내는 동안에도 하루, 하루 얼마나 마음 졸였는지 모릅니다. 혹시라도 다쳐서 돌아오면 어떻게 하나. 그런데 아니나 다를까, 밖에서 놀다가 철조망에 다리를 다쳐 집에 왔는데 병원에서 몇 바늘이나 꿰맸는지 모릅니다. 그렇게 마음 졸이며 키운 막내가 마흔을 넘었습니다.

'언제 20살이 될까' 라는 걱정으로 하루, 하루를 보낸 것 같은데 벌써 한 아이의 아빠가 되었습니다. 세월 참 빠르지요? 살아봐야 안다더니, 정말 살아봐야 알 것 같아요.

1984년. 저와 남편, 막내를 살려준 기사님과 조수석에 계셨던 분들. 꼭 찾아뵙고 고맙다는 이야기를 전하고 싶었는데 그러지를 못했습니다. 살아내는 일이 바빠 잊고 살았습니다. 진심으로 감사했습니다. 두분 덕분에 이렇게 세 아이들이 가족을 이루며 살아가는 모습을 보고 있습니다.
감사합니다. 감사합니다.

구인사에 마음을 기대어

경주에 계시는 시숙모님을 따라 구인사 라는 곳에 처음 갔었습니다. 충청북도 단양에 위치한 구인사, 그곳에서 4박 5일을 머물렀습니다. 첫째 날 밤에는 너무 피곤해서 함께 간 사람들과 잠을 잤습니다. 둘째 날에도 많이 피곤했던 터라 기도 중간에 자주 졸았는데, 그때마다 스님께서 졸고 있는 제 등을 사정없이 죽비를 내려치셨습니다. 그 소리가 얼마나 컸는지, 하여간 그렇게 4박 5일을 채운 후 울산으로 돌아왔습니다. 그리고 얼마 후 정광사라는 절을 찾아갔습니다.

정광사. 법회도 열심히 다니고 밤새워 기도하면서 부처님의 제자가 되기 위해 노력했습니다. 그러던 어느 날, 저는 신기한 경험을 했습니다. 기도를 하는데 몸이 붕 떠오르면서 공중으로 솟구쳤다가, 천천히 제자리로 돌아오는 느낌이었는데, 뭐라고 정확하게 표현할 수 없는 묘한 느낌이었습니다. 그 순간 구인사 스님께서 기도하는 분들에게 들려주신 가르침이 떠올랐습니다.

'자꾸 복 주세요, 복 주세요라고 바라지 말고, 자기 마음을 닦아 복을 지어야 합니다'

그날의 특별한 경험 이후, 제 삶은 많이 바뀌었습니다. 생각도 바뀌고, 마음도 바뀌었습니다. 몸이 지치고, 마음이 힘들 때마다 원망하고 화를 내는 것이 아니라 기도를 하기 시작했습니다.

'바른 말,
 바른 생각,
 바른 행동하는 부처님의 제자가 되겠습니다'
'부처님의 부끄럽지 않은 제자로 살아가겠습니다'

누구에게나 큰 변화를 경험하는 사건이나 계기가 있을 것입니다. 제게는 구인사가 그렇습니다. 여기까지 올 수 있었던 힘의 절반이 그곳에 있다고 믿습니다.

가난을 물려주고 싶지 않았어요

어렵게 마련한 집을 2층으로 증축할 때의 일입니다. 증축을 하고 세를 내놓으면 살림이 조금 더 좋아진다는 권유도 있었고, 돈을 더 모으고 싶었던 마음에 용기 내어 증축을 결정했었습니다. 하지만 살고 있는 집을 증축한다는 것은 생각처럼 쉽지 않았습니다.

건축업자들과의 마찰은 다반사였고, 돈을 융통하는 일에도 어려움이 많았습니다. 전세를 받고 있다고는 해도, 집을 살 때 이미 빚이 많았던 터라 생활이 쪼들리기는 매한가지였습니다. 그러던 어느 날입니다. 가깝게 지내던 분이 오랜만에 집에 찾아왔는데, 제가 공사현장에 기절해있었다고 합니다. 다락방을 만들고 있었는데, 제가 그곳에 오르다가 계단에서 굴러떨어진 모양입니다. 시체처럼 누워있는 저를 발견하고는 몸을 흔들어 깨워 병원에 함께 갔었는데, 다행히 생명에는 지장이 없었습니다.

그때에는 어떻게 하면 돈을 벌 수 있을까, 조금 더 벌 수 있을까, 그 생각뿐이었습니다. 처음부터 가진 것이 없으니 괜찮다가 아니라, 가난하게 살고 싶지 않다라는 마음이 더 컸습니다.

그래서 부업도 많이 했었습니다. 명태 껍질 벗기는 일에서부터 10kg, 20kg 되는 밤이나 마늘을 가져와 물에 불려 밤새 껍질을 벗기는 일까지, 집에서 할 수 있는 일은 무엇이든 가져왔습니다. 어떻게든 생활비에 보탬이 되려고 악착같이 덤벼드는 저를 보며 스스로 이렇게 말하기도 했습니다.
'너 참 복 없다'
'복도, 복도 이렇게까지 없다니'

하지만 지금 이 순간 과거를 떠올리며 글을 쓰다 보니 새로운 생각이 머리를 스쳐 지나갑니다.
'그러고 보니 죽을 고비를 몇 번이나 넘겼네'
'그래도 진짜 운이 좋은 편이었어'
살아오는 동안 죽을 고비를 몇 번이나 넘겼습니다. 그 순간마다 저는 생각했습니다. 여기서 포기하면 안 돼, 조금만 더 힘내자, 하루하루 열심히 살면 되는 거야, 어떻게 구한 집인데, 돈 없고, 집 없어 얼마나 서러웠는데, 가족 모두 건강하잖아라는 마음으로 살아왔습니다.

정말 자식들에게만큼은 가난을 물려주고 싶지 않았습니다. 살아오면서 제가 겪은 아픔이나 서글픔을 자식들은 모르고 살았으면 좋겠다는 바램뿐이었습니다. 그 마음 하나로 여기까지 왔습니다.

새벽별 같은 아버님

새벽별을 보고 밤늦게까지 평생 동안 일만 하신 분, 7남매 뿐만 아니라 형제들까지 보살핀 분, 저의 시아버님입니다. 몸이 불편하셔서 아버님께서 경주에서 포항까지 피를 뽑으러 다닌다는 소식을 듣고 저희 집에 모신 적이 있습니다. 울산에 있는 동강병원에 다니면서 조금이라도 챙겨드리고 싶은 마음에 모셔왔는데, 일주일 정도 지내시다가 경주로 돌아가셨습니다. 기차를 타고 경주로 돌아가시면서 아버님은 제게 말씀하셨습니다.

"10원이 10개 모이면 100원이고, 100원이 10개 모이면 1,000원이다. 1,000원이 10개 모이면 10,000원이다"

아버님께서 평소에 자주 하시던 말씀입니다. 평생 일만 하다가 돌아가신 아버님, 아버님께서 돌아가셨을 때 며느리들 모두 얼마나 울었는지 모릅니다. 지금도 아버님 제삿날이 되면 그 말씀이 떠오릅니다. 더 잘 해드리고 싶었는데, 그렇게 잘해드리지 못한 것 같아 마음이 아프고 미안합니다.

아버님뿐만 아니라, 어머님의 고생도 이루 말할 수 없었습니다. 아버님께서 워낙 일을 많이 하시다 보니 저절로 어머님 일도 많았습니다. 세월이 흘러 자식들 모두 시집, 장가를 보내고 나니, 아버님과 어머님이 어떤 심정이었을지 이제 조금 알 것 같습니다.

'그때 이런 마음이 들었겠구나'
'그때는 미처 알지 못했는데'

살아보니 알 수 있고, 경험하고 나니 조금 더 마음에 와닿는 것 같습니다. 경험하기 전에, 살기 전에 모두 알 수 있다면 좋겠지만, 그건 욕심이겠지요. 아버님을 일주일이라도 집에 모실 수 있었던 것, 그것이 제게는 무엇과도 바꿀 수 없는 소중한 추억입니다. 가끔 아버님 생각이 납니다.
아버님, 어머님. 존경합니다. 정말 감사했습니다.

아버님 죄송합니다

남편이 작은 공장과 함께 사업을 시작해 2000년쯤, 회사를 지금의 집이 있는 호계 쪽으로 옮겼습니다. 몇 년 후, 집을 팔지도 못한 상태에서 이사를 했습니다. 참 이상한 일이지요, 아픈 기억이 많아서인지, 집도 팔리지 않은 상태에서 호계에 있는 집을 계약했습니다. 삼십 년 가까이 살았던 집이었는데, 그 즈음에는 왜 그렇게 그 집이 싫었는지 모르겠습니다. 하루라도 빨리 그 집에서 벗어나고 싶다는 마음뿐이었습니다. 이 집을 벗어나면 더 이상 힘든 일, 속상한 일, 아픈 일이 생기지 않을 것 같았습니다. 당시에 딸도 비슷한 느낌이었다고 얘기하는데, 지금 생각해봐도 정확한 이유를 모르겠습니다. 설명할 수는 없지만, 그곳을 나와야 할 것 같았습니다. 그렇게 2003년 11월, 지금 살고 있는 집으로 이사 왔습니다.

집이 팔리지 않아 1년 가까이 집을 비워둔 상태였는데, 도무지 집을 사겠다는 사람이 없었습니다. 그러던 어느 날 뒷집에 살던 사람이 집을 사겠다고 했고, 반가운 마음에 집을 팔았습니다. 하지만 운이 없었습니다. 그로부터 1년 후 동네 전체가 재개발에 들어간다는 소리가 들려왔습니다. 뒷집이 엄청난 차익을 남기면서 돈을 벌었다는 소식과 함께. 그 이야기를 전해 듣고 며칠을 앓았습니다.

오래전에 집을 살 때 잔금을 가지고 찾아오셨던 아버님에 대한 고마움과 미안함이 뒤엉켜 밤에 잠을 잘 수가 없었습니다. 죄송하다는 생각에 마음 편하게 지낼 수가 없었습니다. 지금도 그때 일을 생각하면 여러 감정이 동시에 떠오릅니다. 조금 아쉽고, 많이 속상하고, 약간 억울하고, 무척 미안해집니다.

세 아이, 세 가족

가난에 대한 두려움, 집에 대한 애착은 자식들에게도 이어졌습니다. 딸을 시집보내면서 혼자 걱정이 많았습니다. 혹시 집이 없어 여기저기 자주 이사 다니면 어떻게 하나, 무서운 주인 때문에 고생하지는 않을까, 남몰래 고민이 많았습니다. 그러던 차에 사돈댁에서 집을 구해주셨다고 했을 때, 얼마나 감사했는지 모릅니다. 남편과 저처럼 여기저기 쫓겨 다니면서 살지는 않겠구나, 안심이 되었습니다. 두 아들을 장가보낼 때의 마음도 다르지 않았습니다.

큰 아들은 직장과 거리가 있어 나중에 옮기는 줄 알고 처음에는 전세를 했다가 후에 집을 마련해주었고, 둘째는 직장 근처에 자리를 잡아서 처음부터 집을 마련해주었습니다. 넉넉한 형편은 아니지만 두 아들에게 집을 마련해준 이유는 단 한 가지였습니다. 저희처럼 살게 하고 싶지 않아서였습니다. 어떤 식으로든 기반을 만들어주고 싶었습니다. 가진 것이 없고, 집 없는 설움이 무엇인지 알기에 그것만은 피하게 해주고 싶었습니다. 가난은 남편과 제가 겪은 것만으로 충분하다고 생각했습니다.

집이 아니어도, 돈이 아니어도 함께 살아가는 일이 쉽지 않은 세상인데, 어떻게든 조금이라도 마음을 덜어주고 싶었습니다. 아주 좋은 집이 아니어도, 근사한 집이 아니어도 그 아래에서 서로 아껴주며 살아주기를 바라는 마음, 그 마음 하나뿐이었습니다.

그 마음이 통했던 걸까요. 노력의 보상일까요. 세 아이 모두 지금까지 아무 탈 없이 잘 살아주고 있습니다. 든든한 사위, 현명한 첫째 며느리, 착한 둘째 며느리까지 서로 아껴주며 살아가고 있습니다. 세 아이, 아니 세 가족 모두 지금처럼 행복하게 살아가줬으면 좋겠습니다. 적어도 집 안에서만큼은 어느 곳보다 따뜻하고 행복한 기운이 가득했으면 좋겠습니다.

꼬봉아 미안해

막내가 시추(강아지)를 데리고 왔어요. 학교 다닐 때 친하게 지내던 친구가 막내에게 선물해줬다고 하는데, 두 손바닥에 올리면 온몸을 감쌀 수 있을 만큼 작은 강아지였습니다. 처음 집에 왔을 때 몸집도 작고 생김새도 귀여워 식구들의 사랑을 독차지했었습니다. 이름은 꼬봉이. 막내가 결정한 이름이었습니다. 자기 밑에도 만만한 꼬봉이 있었으면 좋겠다는 바램을 담아 그렇게 지었습니다.

꼬봉이는 특별히 아픈데도 없이 잘 자라주었습니다. 집안에서 계속 생활하면 답답해할 것 같아 함께 산책 나가기도 하고, 장거리로 집을 비우게 되었을 때는 혼자 두고 갈 수 없어 함께 데리고 다녔습니다. 특히 남편에 대한 꼬봉이의 충성은 대단했습니다. 장난으로 남편 다리를 한 대 '툭' 치기라도 하면 얼마나 짖어대는지, 웬만해서는 소리를 지르는 일이 없는 녀석인데, 그때는 온몸으로 짖어댑니다. 그래서 가끔은 서운하기도 했습니다. 매일 씻겨주고 밥을 주는 사람은 따로 있는데, 남편을 더 따르는 것이 기특하기도 하면서 한편으로는 얄밉기도 했습니다.

십 년 넘도록 가족의 사랑을 한 몸에 받던 꼬봉이가 어느 날부터 조금씩 이상하게 걷기 시작했습니다. 걱정스러운 마음에 동물 병원으로 달려갔고, 병원에서 다리에 종양이 생겼다는 얘기를 들었습니다. 선생님의 권유대로 종양 제거를 위해 수술을 했습니다. 그것도 두 번이나. 하지만 불행은 거기에서 끝나지 않았습니다. 곧이어 귀에 이상이 생기더니, 피부에도 문제가 생겼습니다. 이유를 알아내기 위해 병원을 쫓아다니던 중, 꼬봉이가 뇌종양이라는 사실을 알게 되었습니다.

뇌종양. 어떻게든 낫게 하려고 병원 문이 닳도록 뛰어다녔습니다. 하지만 그런 노력에도 불구하고 어느 햇살 따가운 오후에 선생님은 느릿한 목소리로 무시무시한 말을 전했습니다.

"아무래도 울산에서는 안 될 것 같고, 더 큰 병원으로 옮겨 다시 수술해야 할 것 같아요. 결과는 장담할 수는 없을 것 같아요. 그리고 아마 다리를 절단할 수도 있을 거예요"

결과를 장담할 수 없다, 다리를 절단할 수도 있다, 도무지 어떻게 받아들여야 할지 혼자서는 감당이 되지 않았습니다. 가족들과 의논해보겠다고 말한 후, 집으로 돌아오는데 큰 돌덩이를 다리에 매달아 걷는 느낌이었습니다.

다른 동물병원에도 물어보았지만, 돌아오는 대답은 똑같았습니다. 그렇게 며칠을 보내고 어떤 결정도 내리지 못한 채, 정기검진 날이 되어 다시 병원을 찾았습니다. 그리고 그날, 상황이 더 악화되었다는 말과 함께 조심스럽게 안락사를 제안하셨습니다.

안락사.

살아오는 동안 단 한 번도 생각해본 적 없는 단어입니다. 솔직하게 고백하면 선생님에게 그 단어를 듣는 순간, 저에게 이런 잔인한 고통을 마주하게 만든 막내가 얼마나 원망스러웠는지 모릅니다. 동시에 그동안 함께 살아온 세월이 생각나 눈물이 앞을 가렸습니다.

"꼬봉이 나이가 사람으로 치면 6,70이에요.
  힘드시겠지만 돌아가셔서 가족들하고 의논해보세요"

죽을 죄를 짓는다는 생각에 몇 날 며칠을 혼자 울었습니다. 남편과 아이들에게도 소식을 전했습니다. 꼬봉이에 대한 정이 가득했던 남편이나 아이들 모두, 소식을 듣고 할 말을 잃었습니다.

누구도 제게 어떻게 하라는 말을 해주지 않았습니다.
아니, 아마 할 수 없었을 거예요.
며칠이 흘렀는지, 몇 주가 흘렀는지 모릅니다.
아이들에게서 전화가 왔습니다

"엄마, 엄마. 꼬봉이 안락사해줘요"
"수술하다가 죽을 수도 있다는데,
 지금도 꼬봉이 많이 힘든데, 엄마 안락사해요"
"꼬봉이 많이 힘든데, 우리 그냥 보내줘요"

제 손으로 동물병원에 꼬봉이를 데리고 가는데, 가슴이 터지는 줄 알았습니다. 저를 가만히 바라보고 있는 꼬봉이의 얼굴을 똑바로 쳐다볼 수가 없었습니다.
 '미안하다, 미안하다'라는 말을 속으로 삼키고 천천히, 천천히 걸었습니다. 천천히, 느릿느릿 걸었지만 결국 병원에 도착했습니다. 문을 밀고 들어가는데, 머리가 하얘지는 느낌이었습니다. 선생님의 품에 안겨 꼬봉이가 저를 쳐다보는데, 죽고 싶은 심정이었습니다.

"선생님, 우리 꼬봉이, 꼬봉이 잘 보내주세요....
 잘 보내주세요"

도망치듯 빠져나오는데, 눈물이 하염없이 쏟아졌습니다.

그렇게 집으로 돌아와 현관문을 잠그고 엉엉 소리 내어 울었습니다. 며칠을 그렇게 보냈는지 모릅니다. 일주일이었는지, 한 달이었는지.

남편과 아이들에게는 알리지 않고 꼬봉이에게 사죄하는 마음으로 작지만 49재를 지내줬습니다. 부디 좋은 곳에서 다시 태어나기를 바라는 마음으로, 다음 생에는 부처님의 나라에서 태어나라고 빌어주었습니다.
지금도 길을 가다가 시추만 보이면 마음이 아픕니다.
그래서 일부러 고개를 돌립니다.

꼬봉이가 집에 처음 온 날이 언제인지 잘 모르겠습니다.
다만 '꼬봉아'라고 부르면 거실을 한달음에 달려 나오던 모습이 기억날 뿐입니다. 그러고 보니 49재를 지내고 얼마 되지 않았을 때였습니다. 꼬봉이가 집에 왔습니다. 평소 즐겨 입던 빨간 줄무늬 옷을 입고 제일 좋아하던 소파에 올라서서 저를 쳐다보면서 고개를 숙이고 인사를 했습니다.

반가운 마음에 일어나 '꼬봉아! 꼬봉아!'라고 불렀는데, 알고 보니 꿈이었습니다. 그 모습이 아직도 생생합니다.
작은 미물이지만 이렇게 마음을 전하는구나, 라는 생각에 또 혼자 며칠을 울면서 보냈습니다.

어쩌다 보니 원하지도 않았는데 안락사 시킨 무정한 사람이 되어버렸습니다. 남아있는 시간이 제게 얼마나 있는지 모르겠지만, 앞으로는 어쩌다가도 무정한 사람이 되는 일은 하고 싶지 않습니다.

진짜, 진짜.

삶의 폭풍에 용감하게 맞서는 것은
그것이 오리라는 것을 아는 데에서부터 시작된단다.
우리는 우리를 괴롭히는 폭풍이
불지 않기를 바라고 기도하지만,
사실상 그것들이 오리라는 것을 예상하고 있어야 해.

- 「그래도 계속 가라」 중에서

뿌린대로 거둔다

아이 둘만 낳아 잘 키워야 한다

언젠가 딸이 제게 말했습니다.
"엄마, 나도 여동생이나 언니 한 명 더 낳아주지? 그럼 엄마도 나도 훨씬 더 좋았을 턴데!"
그러게 말입니다. 제 생각도 그렇습니다. 하나도 좋은데, 둘이면 더 좋을 것 같습니다. 딸이 태어났을 때 친정아버지는 물론 시댁에서도 '쓸데없는 것이 태어났다'라고 얘기했는데, 딸이 없었으면 어쩔뻔했나 싶습니다.

그때만 해도 나라 사정이 지금과 많이 달랐습니다. 아이 둘만 낳아 잘 키워라, 라고 말하는 시절이었기 때문에 어렵게 셋째를 가져 낳았지만 어디에서도 혜택을 받을 수 없었습니다. 병원을 가도 셋째는 보험료가 적용이 안 되어 두 배, 세배를 내야 했습니다. 보험료는 두 아이에 대해서만 적용해주었거든요. 그래서 굉장히 심각한 경우를 제외하고는 막내를 데리고 병원에 갈 수 없었습니다. 상황이 이쯤 되니 아이를 더 낳고 싶어도 낳을 수 없었습니다.

그런데 지금은 세월이 흘러 아이를 한 명이라도 더 낳으라고 야단법석입니다.

아이를 키우는 비용을 주겠다, 교육비를 지원해주겠다, 정말 예전에는 꿈도 꿀 수 없는 일이 벌어지고 있습니다. 알 수 없는 것이 인생이라고 하더니, 딱 그렇습니다. 10년, 30년을 바라보고 나라 살림을 꾸려가면 좋겠지만, 그게 쉬운 일은 아닌가 봅니다.

조금만 더 기다려주시지

"세상에는 공짜 없다. 뿌린 대로 거두는 것이다.
 베풀고 살아야 한다"

생전에 친정아버지께서 자주 하시던 말씀입니다.
저는 어릴 때부터 부모님 잘 모시고, 조상님에게 효도하는 것이 가장 중요하다고 배운 사람입니다. 아니, 그것이 기본이라고 배웠습니다. 결혼하고 나서 울산으로 나와 1년 정도 지났을 때, 시아버님께서 환갑을 맞이하게 되었습니다. 그때는 생활비가 없어 결혼반지를 포함해 가지고 있던 것을 하나씩 팔면서 생활을 이어가고 있었습니다.

하지만 시아버님의 환갑에 무엇이라도 해드리고 싶었습니다. 그래서 시아버님과 시어머님 한복을 준비했었습니다. 당장 입에 들어갈 것이 더 급했지만, 그런 것들은 눈에 들어오지 않았습니다. 비록 천으로 만든 것이었지만 선물을 준비하면서 얼마나 행복했는지 모릅니다.

어른들에게 무엇이라도 해드릴 수 있다는 마음에 배고픈 것도 생각나지 않았습니다. 지금이라면 훨씬 더 좋은 것으로 선물해드릴 수 있을 텐데, 두 분 모두 곁에 없다는 사실이 아쉬울 뿐입니다.

조금만 더 기다려주시지,
조금만 더 천천히 가시지,
안타까운 마음만 가득합니다.

지금 할 수 있는 유일한 것

제 인생의 동반자, 부처님.
교통이 불편하다는 핑계로 부처님이 계시는 정광사를 자주 찾아가지 않고 있습니다.
이제는 1시간이라도 기도하려고 앉으면 다리도 아프고, 허리도 아픕니다. 몸이 예전과 많이 달라졌음을 느낍니다.
상월 원각 대조사님은 말씀하셨습니다.

"게으른 자여, 성불하기를 바라는가?"

법문이 생각나 머리를 흔들며 몸을 정갈하게 해봅니다.
두 손을 모으고 마음을 가다듬어 봅니다.

"부처님의 부끄럽지 않은 제자가 되기 위해 노력하겠습니다. 바른 생각, 바른 말, 바른 행동하는 사람이 되기 위해 노력하겠습니다. 부처님 제게도 소원이 있습니다. 아이들, 그리고 손자, 손녀들이 세상에 꼭 필요한 사람이 되었으면 좋겠습니다. 사람이 아무리 똑똑하다고 해도 인성이 먼저라고 생각합니다.

아이들이 지혜롭고 바른 사람이 되었으면 좋겠습니다.
세상에 보탬이 되는 사람으로 자랐으면 좋겠습니다.
그것을 위해 제가 할 수 있는 유일한 것은 기도밖에 없다고 생각합니다.

부족하지만 오늘도 기도하면서 하루를 마무리합니다.
관세음보살.
관세음보살.
관세음보살"

잃어버린 일기장

이런저런 생각이 떠오르면 일기를 쓰곤 합니다.

그날 있었던 일 중에서 기억에 남는 일이나, 마음 답답한 일, 혹은 오래 기억하고 싶은 일을 적어둡니다. 그렇게 한 권을 채웠었는데, 이번에 그중의 일부를 책에 옮겨보려고 일기장을 찾는데, '거기에 있겠지'라고 생각한 장소에 없었습니다. 있을법한 곳을 여기저기 샅샅이 찾아보았지만, 찾을 수가 없었습니다.

그때의 안타까움을 어떻게 표현할 수 있을지. 이사를 하면서 잃어버린 것인지, 정리를 하면서 다른 것들과 함께 버려진 것인지, 생각하면 생각할수록 속상합니다.

아주 소중한 것을 잃어버린 그런 느낌입니다.

모든 인연에 감사하며

2박 3일 일본 여행을 다녀왔습니다. 우리나라와 깊은 악연을 가진 일본, 한국 여성의 가슴에 씻을 수 없는 상처를 남긴 일본. 그 일본을 주위 분들과 함께 다녀왔습니다. 역사적인 사건이나 배경을 뒤로하고 바라봤을 때, 일본은 생각보다 배울 점이 많은 나라였습니다. 길거리에 휴지 하나 떨어져 있지 않은 모습, 대중목욕탕에서 남에게 피해 주지 않기 위해 노력하는 모습, 작은 물건 하나하나 소중하게 다루는 모습이 기억에 남습니다. 일본, 일본인에 대해 생각해보는 시간이었습니다. 미운 마음이 생기는 것은 어쩔 수 없지만, 분명 배울 점이 많은 것도 사실이었습니다.

일본 여행을 떠올리면 생각나는 것이 있습니다.
게르마늄 팔찌.
허리에 좋고, 혈관에 좋아서 6개월만 착용하면 아픈 곳이 없어진다는 소리에 게르마늄 팔찌를 사 왔습니다. 부모님 여행 간다는 소리에 아이들이 돈을 보내준 것도 있고 해서 몇 개 사 왔습니다. 혹시라도 많이 샀다고 얘기하면 어떻게 하지, 못 가져간다고 하면 어떻게 하지? 걱정을 많이 했는데, 큰 문제없이 공항을 빠져나올 수 있었습니다.

운이 좋았다는 생각과 함께 돌아오는 내내 마음 졸였던 것이 기억납니다.
아이들 선물을 준비하는 저를 두고 사람들은 이야기합니다.

"자식 사랑 대단해"
"애들 건 안 챙겨도 돼. 애들은 나중에 더 많은 기회 있어. 굳이 그렇게 안 챙겨줘도 돼"

모두 옳은 말입니다. 그런데 저는 그게 잘 안됩니다.
좋은 것을 보면 애들 생각이 먼저 나고, 혹시 밖에서 일하는데 너무 고생하지는 않는지, 아픈 데는 없는지, 마음이 쓰입니다. 인연이 되어 우리 가족이 된 두 며느리와 하나밖에 없는 사위 역시 든든하면서도 힘든 일은 없는지 애가 쓰입니다. 어떻게 해 줄 수 있는 것이 없는데도 말입니다.
오늘도 저는 똑같은 기도로 하루를 시작합니다.

"인연이 되어 나의 자식이 되었고, 또 인연이 되어 가족이 된 며느리와 사위. 모두 하루, 하루 무탈하고 건강하게 잘 보낼 수 있도록 보살펴주세요"

여동생이 여섯

제게는 여동생이 6명 있습니다. 그중에 아직 아이가 어린 막내와 멀리 단양에 살고 있는 여동생은 자주 만나지 못하지만 다른 여동생들은 얼굴을 자주 보는 편입니다. 친정엄마가 계시는 경주에서 만나는 경우가 많은데, 그럴 때마다 바로 밑의 여동생이 저를 데리러 와줍니다. 운전을 시작하고 중고차를 하나 장만해서 계속 몰았더니, 운전솜씨가 제법 좋습니다. 덕분에 호계에 살면서 교통이 불편하지만 힘들이지 않고 친정엄마를 뵈러 갈 수 있습니다.

저는 새로운 것을 보는 것도 좋아하고, 여행도 좋아합니다. 어디를 가면, 가능하면 사진으로 남겨놓으려고 합니다. 좋은 곳을 다녀와 사진을 남겨 놓으면 '아, 그때 그랬지' 하면서 기억이 떠오릅니다. 그런데 사진을 남겨 놓지 않으면 기억이 가물가물합니다. 그런 제 마음을 알기에 동생들과 여행을 가면 제 사진을 많이 찍어줍니다. 그 덕분에 외도도 다녀오고, 향일암도 다녀왔습니다.

평생 '여행'을 모르는 남편과 살다 보니 언제나 '거기 한번 가보고 싶다'라는 마음뿐이었는데, 동생들 덕에 몇 군데를 다녀올 수 있었습니다. 제가 형편이 좋고, 생활에 여유가 있으면 이래저래 보탬이 되어주고 싶은데, 칠십이 다 되도록 아직까지 생활비를 받아 생활하다 보니 언제나 마음뿐입니다. 어떻게 조금이라도 마음을 표현하면 동생들은 매번 제게 "언니야, 고마워. 고마워" 합니다. 제가 별로 많이 해준 것도 없는데 말입니다.

숙희야, 경숙아, 경임아.
언니 챙겨 함께 여행 다녀줘서 고맙다.

처음 입어본 드레스

작년이 남편의 칠순이었습니다.
아이들이 남편의 칠순을 얼마나 준비했는지, 덕분에 저도 '드레스'라는 것을 처음 입어보았습니다. 가족사진을 예약해놨다고 해서 가족사진도 찍었습니다. 드레스를 입고 가족사진을 찍은 다음, 예약한 뷔페로 갔습니다. 아이들이 남편에게 감사장을 전달하고 외손자와 외손녀가 악기로 축하공연을 해주었습니다. 공연이 끝나고 다 같이 식사를 마치고 집으로 돌아왔는데, 아이들에게 선물을 하나 더 받았습니다.

안마기. 아이들에게 안마기까지 선물 받고 나니 한편으로 아이들이 걱정되었습니다. 그래서 딸에게 물었습니다.

"너희들 돈은 있니? 너무 무리한 거 아니니?"
"엄마, 걱정 마세요. 우리 그동안 칠순 해드리려고 모아둔 돈 있어요. 그걸로 하니까 걱정하지 마세요"

다행이라는 생각과 함께 기특하다는 마음이 들었습니다. 그러면서 속으로 '그래도 내 인생 잘못 살지는 않았구나'라는 생각도 들었습니다.

어떤 선물을 받아서도 아니고, 무엇을 해주어도 아니었습니다. 아이들 모두 열심히 살아가면서 형제간에 우애 있게 지내는 모습이 좋았습니다. 제가 그토록 바라던 모습이었는데, 아이들이 그렇게 자라주는 것 같아 참 좋았습니다. 앞으로도 세 아이 모두, 지금처럼 살아주었으면 좋겠습니다.

요즘은 세상에 많이 수상해서 돈 때문에 형제간의 다툼은 물론이고, 부모 형제 얼굴도 안 보고 살아가는 사람들이 많다고 합니다. 적어도 내 아이들만큼은 그렇게 살지 않았으면 좋겠습니다. 서로 믿어주고 의지하면서 살았으면 좋겠습니다. 정말 바라는 것이 있다면 그것뿐입니다. 힘든 세월, 나중에 남편이나 제가 없더라도 서로를 위하는 마음으로 형제간의 정이 돈독했으면 좋겠습니다.

진짜 그것뿐입니다.

내리사랑

평생을 일만 하신 아버님, 남편은 아버님을 참 많이 닮았습니다. 새벽 5시쯤 일어나 아침을 챙겨 먹고 일을 하러 가서 저녁 6시에 돌아옵니다. 평소 성격이 어떤지를 알고 있는 터라 회사에서 일하는 모습이 눈에 선합니다.

올해 나이 칠십, 일을 많이 줄였다고 해도 다른 사람에게 일을 맡겨놓고 편하게 앉아있을 사람이 아닙니다. 예전에 시아버님도 그랬습니다. 새벽 4시쯤 일하러 가셔서 아침 식사할 무렵, 그날 일의 절반을 끝내고 돌아오셨습니다. 자식들을 위해 열심히 일하는 것이 전부라고 여긴 아버님은 한시도 몸을 가만히 두지 않았습니다. 밭에서 일을 하시면 어디에 계신지 모습을 찾아볼 수가 없었습니다. 여기서 일하고 계시나 싶으면 어느새 저만치 가 계셨습니다.

먹고사는 일이 우선이다 보니 자식은 물론 손자, 손녀들과 함께 보낸 시간이 별로 없습니다. 많은 손자, 손녀들이 있었지만 품에 안고 이야기를 나눠본 적이 없습니다. 언젠가 아들과 이야기를 하는데, 아들이 그러더군요.

"할아버지에 대한 기억이 별로 없어요.
 매일 일하러 다니신 모습만 생각나요"

아들은 그런 할아버지의 모습이 많이 안타까웠는지, 결혼 후 바쁜 일이나 사정에도 불구하고 시간을 내 손자, 손녀를 데리고 집에 자주 옵니다. 남편이 정말 아이들을 좋아하거든요. 아무리 몸이 피곤해도 손자, 손녀 온다고 하면 자리에서 벌떡 일어나는 사람입니다. 아들이 아버지의 마음을 알기에 힘들게 일을 마치고 난 후에도 며느리와 함께 아이들을 데려오는 것이겠지요. 손자에게 "민석이를 가장 좋아하는 사람이 누굴까?"라고 물으면 "할아버지!"라고 대답합니다. 자식 키울 때는 따뜻한 말로 마음을 전하지 못한 남편이었는데, 손자, 손녀에 대한 관심과 사랑에는 끝이 없습니다.

내리사랑 이라고 하더니, 남편을 보면서 실감하고 있습니다.

원인 없는 결과는 없다

"인연 따라왔다가 인연 따라간다"
"뿌린 것이 없으면 거둘 것이 없다"

작은 화초 하나를 키우는 일에도 정성과 노력이 필요합니다. 물도 주고, 잡초도 뽑고, 햇볕이 잘 드는 지도 살펴봐야 합니다. 농사도 비슷합니다. 봄에 몸을 움직여 이뤄놓은 것이 있어야 가을에 거둬들이는 것이 있습니다.
살아가는 일도 비슷한 것 같습니다.

다들 시대가 변했다고 말하지만 뿌리 없는 나무가 없고, 원인 없는 결과는 없었습니다. 겉으로 드러나지 않아서 그렇지, 모든 결과에는 그럴만한 이유가 있다고 생각합니다. 그러니 당장 눈앞에 결과가 보이지 않는다고 너무 속상해하지 않고 살았으면 좋겠습니다. 이렇게 노력하고 나면 나중에 거두는 것이 있겠지, 라는 마음으로 살았으면 좋겠습니다.

조금 노력했는데, 크게 얻었다고 기뻐하는 것도 위험한 일입니다. 왜냐하면 다음에도 '이만큼만 하면 되겠지'라는 마음으로 자꾸 요행을 바라게 되거든요.

쉽게 얻은 것은 아무래도 소홀하게 대하게 됩니다.
그런 까닭에 오래 지니지 못하는 경우가 생각보다 많습니다.
잘은 모르겠지만, 68년을 살아본 제 경험으로는 그렇습니다.

"인연 따라왔다가 인연 따라간다"라고 했습니다.
좋은 인연 만들고, 좋은 인연이 되기 위해 노력하는 것이
현명한 방법이라고 생각합니다.

한 번뿐인 인생

가까운 지인인데, 회사를 정년퇴직하신 후 시골에서 생활하고 계셨습니다. 그런데 어느 날 갑자기 췌장암을 진단받았는데, 얼마 되지 않아 세상을 떠났습니다.

'잘 지내시는가 보다'라고 추측만 하고 지냈는데, 처음 그 소식을 전해 듣고 얼마나 놀랐는지 모릅니다.
인생이 참 허무하구나, 라는 생각과 함께 마지막 인사를 드리지 못한 것이 내내 마음에 걸렸습니다. '감사합니다'라는 마음도 전하고, '아무 걱정하지 않아도 된다'라는 얘기도 전해드리고 싶었는데, 그러지 못했습니다.

63살. 요즘같이 좋은 세월에는 너무 아까운 나이입니다.
먼 길 오르는 마음이 얼마나 가슴 아프고 속상했을까요. 남겨진 사람들과의 처음이자 마지막 이별에 얼마나 당황했을까요. 먼 곳에서 바라만 보는 제가 이 정도인데, 곁을 지킨 사람들의 심정을 어떠했을까요. 생각만 해도 가슴이 먹먹해집니다.

누구나 한 번은 떠난다고 했습니다.

삶이 있듯, 죽음도 당연히 존재한다는 사실을 알고 있습니다. 하지만 잊고 사는 날이 더 많습니다. 그러다가 이번처럼 부고를 듣게 되면 정신이 번쩍 듭니다.

'아, 정말 죽음이 생각보다 가까운 곳에 있구나'
그러면서 제게 이렇게 말하는 것 같습니다.

'한 번뿐인 인생이야.
후회하지 않도록 잘 살아, 한 번뿐이야, 한번!'

*

벌써 10년도 더 지난 이야기입니다.
충북 소백산의 구인사로 가던 길이었습니다.
우연히 어떤 아주머니와 동행하게 되었는데, 그 아주머니께서 제게 들려주신 얘기입니다.
아주머니 말씀이 지금까지 세상을 살아오는 동안 남편과 자식을 위해 공을 들이거나 정성을 쏟아본 적이 없다고 했습니다. 굳이 그렇게 하지 않아도 남편 사업은 나날이 번창했고, 아이들도 큰 문제없이 잘 자랐다고 했습니다. 진짜 살아오는 동안 '힘들다'라는 느낌을 모르고 살았다고 얘기했습니다.

그러던 어느 날 갑자기 남편이 교통사고를 당했고, 그 자리에서 사망했다고 했습니다. 사람 일은 한 치 앞을 알 수 없다고 하더니, 아주머니 사정이 그랬습니다. 그렇게 갑자기 남편을 떠나보낸 후, 아주머니는 태어나서 처음으로 이런 생각을 했다고 합니다.

'그동안 내가 어떻게 살았나?'
'나는 무엇을 위해 살았나?'
그러면서 아주머니는 말을 이어갔습니다.
"병원에 누워만 있더라도, 곁에 있기만 했으면 좋겠어요. 지금껏 잘 해준 게 없어요. 모든 게 제 업이겠죠. 무엇이 소중한지 너무 늦게 깨달았어요"
남편이나 자식을 위해 무엇을 해본 적이 없다는 아주머니는 눈물을 흘리면서 이야기했습니다.

"아줌마는 저보다 훨씬 잘하시는 것 같아요. 이렇게 가족들을 위해 기도하러 가잖아요. 저도 그렇게 했어야 했는데. 저는 그러지를 못했어요. 늘 괜찮을 줄 알았어요"
벌써 오랜 시간이 지났지만, 가끔씩 그 아주머니가 생각 나곤 합니다. 아주머니의 사연이 생각나고, 아주머니의 말이 떠오릅니다.

'어떻게 살고 계실까?'
'건강하게 잘 살아 계시겠지?'

무엇이든 마음을 다해

정확한 연도는 기억이 나지 않는데, 시어머님께서 80세에 세상을 떠나셨습니다. 누구보다 열심히 억척스럽게 사셨던, 대장부에 가까웠던 시어머님을 떠나보내고 나서 얼마 되지 않았을 때의 일입니다.

하루는 잠을 자고 있는데, 꿈속에 시어머님이 나타나셨습니다. 아무도 없는 곳에 혼자 옥색 치마와 저고리를 입고, 머리에는 수건을 걸치고 계셨습니다. 어머님께서 저를 부르셔서 조심스럽게 다가가는데, 이상한 노랫소리와 함께 아우성이 들려왔습니다. 온몸에 소름이 돋고 무섭다는 생각에 도망가고 싶었지만 차마 그렇게 할 수 없었습니다. 가까스로 어머님을 찾아갔더니 어머님께서 저에게 이렇게 말씀하셨습니다.

"내 천도재 한 번만 지내주면 안 되겠나?
 너밖에 얘기할 사람이 없구나"

꿈인지 생시인지 분간이 가지는 않았지만, 평소 절에 다니면서 천도재를 지내는 일에 대해 알고 있었던 저는 망설일

이유가 없었습니다. 곧바로 구인사에 천도재 접수를 했고, 윤달이 들었을 때 천도재를 지내드렸습니다. 형님과 경주 시숙모님, 남편과 함께 다녀왔는데, 그렇게 천도재를 지낸 후로는 꿈속에서 어머님을 만나지 못했습니다.

지금도 백중이 되면 시아버님과 어머님을 포함해 조상님 천도재를 지내고 있습니다. 이런 저의 경험을 이야기하면 누구는 미신이라고 얘기하고 또 누구는 고개를 끄덕이며 '참 잘했네'라고 다독여주십니다. 누가 맞는지는 알 수 없는 일이겠지요. 하지만 그렇게 천도재를 지내고 난 후, 누구보다 제 마음이 홀가분했습니다. 그래서 앞으로도 힘닿는 데까지 정성을 다해 천도재를 지낼 생각입니다.

마음을 다해, 정성스럽게.

환갑상을 선물 받다

몇 년 전의 일입니다.
그해는 제가 환갑이 되던 해였습니다. 그런데 시집온 지 얼마 되지도 않았고, 나이도 많지 않았던 큰 며느리에게 환갑상을 받았습니다.

지금까지 살아오는 동안 그렇게 예쁘고 정성 가득한 생일상은 처음이었습니다. 누구도 해 주지 않았던 것을 큰 며느리가 제게 해주었습니다. 환갑을 위해 집에 플랜카드도 걸고, 하루 종일 음식을 준비한 후 가족 모두를 초대했습니다. 얼마나 기특한지. 신경 쓴다고 많이 힘들었을 턴데, 그 마음이 얼마나 고마웠는지 모릅니다.
그날 제가 얼마나 감동했는지 모릅니다. 제가 전생에 지어놓은 복이 조금 있었던 모양인지, 육십 평생 최고의 생일상을 받았습니다.

처음에는 막내라고 해서 '막내 티가 나지 않을까'라고 생각했었는데, 필요 없는 걱정이었습니다. 살아온 환경도 다르고, 방식도 다른데 제 이야기에 귀 기울여주고, 마음을 살펴주는데 얼마나 예쁜지 모르겠습니다.

아주 오래전에 시아버님 환갑 때 무엇이라도 해드리고 싶었던 제 마음을 꼭 닮은 며느리가 곁에 있어 정말 힘이 납니다.

가끔 며느리, 손자, 손녀와 함께 절에 가곤 합니다. 불전함 앞에서 두 손 모아 기도하는 손자의 모습을 바라보고 있으면 두 아이와 함께 절에 동행해주는 며느리가 더없이 고맙게 느껴집니다.

항상 좋은 것도 아닐 턴데, 늘 좋은 모습을 보여주려고 노력하는 민석 엄마, 고마워.

짐이 되고 싶지 않습니다

'시간이 가고 때가 되면 돈은 모이지 않을까요?'
'열심히 살면 큰 부자는 안 되더라도
 돈은 좀 모이지 않을까요?'

가진 게 없어서, 너무 가난해서 돈을 벌기 위해 악착같이 살았지만, 인생에서 돈이 전부라고 생각하지는 않습니다. 아이들도 그렇고, 너무 돈, 돈 하면서 살지 않았으면 좋겠습니다.

68살이 되고 나니, 가끔 인생의 마지막을 생각해보게 됩니다. 남편이 작년에 칠순, 올해가 71살입니다.

특별히 바라는 것은 없지만 남편의 마지막을 제 손으로 챙겨줄 수 있었으면 좋겠다는 생각을 하고 있습니다. '죽음의 복'이라는 말처럼 제 남편과 제게도 죽음의 복이 있었으면 좋겠습니다. 자식들에게 짐이 되지 않고, 마지막 그날까지 후회 없이 살다가 떠날 수 있었으면 좋겠습니다. 잠결에 미련 없이 떠나도 괜찮을 것 같습니다.

'언제가 마지막 날이다'라고 미리 알 수 있으면 좋을 턴데, 그럴 수가 없습니다. 그러니 방법은 한가지 밖에 없습니다. 정성을 다해 하루, 하루를 살아보는 것, 그것밖에 없습니다. 나중에 '이래서 미안해', 혹은 '저래서 미안해'라는 후회가 남지 않도록 말입니다.

몸이 허락하는 만큼 움직이고, 나눌 수 있을 때 많이 나누면서 살아갈 생각입니다.

마지막 그날까지.

아주 가끔은 허무합니다

특별히 이뤄놓은 것도 없고, 당뇨 때문에 병원 다니고, 건강관리를 위해 운동만 하면서 보내는 제가 초라해 보일 때가 있습니다. 「가요무대」라는 방송을 보다가 혼자 마음이 짠해져 눈물이 나기도 합니다.

 '인생이 이렇게 가는구나'
 '나도 벌써 이렇게 늙었구나'

당뇨와 혈압관리를 위해 음식을 가려먹는데, 가끔은 그것 때문에 더 짜증이 납니다. 먹고 싶은 음식이 있어도 주저하게 되고, '혹시' 하는 생각에 화가 날 때도 있습니다. '꼭 이렇게까지 해야만 하나'라는 생각이 들기도 하는데, 그러다가 '혹시 합병증이라도 오면 어떻게 하나'라는 걱정에 고개를 흔들게 됩니다.

상황이 이쯤 되면 우울한 마음이 저를 괴롭히기 시작합니다. 앞만 보면서 열심히 달려온 제 인생이 허무하게 느껴지면서 마음이 답답해집니다. 육십을 넘기고 나니 더욱 그런 것 같습니다. 알 수 없는 이유로 마음이 슬퍼지고 감정의 기복도 심해집니다.

예전에 없던 여유로움이 생겨 가끔은 자유롭다는 생각이 들기도 하지만, 생각지도 못한 사소한 일에 혼자 속앓이를 하는 날도 많습니다. 어디 얘기라도 하고 싶은데, 그 상대를 찾는 것도 만만한 일이 아닙니다.

참 희한하지요.

나이가 들고나면 모든 것이 편안해지고 좋아져야 할 턴데, 꼭 그런 것만은 아닌 것 같습니다.

장롱면허증, 꼭 저 같아요.

약 10년 전쯤의 일입니다. 딸이 면허학원 등록도 해주고, 면허시험에 합격할 수 있도록 많이 도와줬습니다. 당시 우리는 시내에 살고 있었는데, 운전면허연습장이 있는 호계까지 버스를 타고 다녔습니다.

지금 생각해보면 '어떻게 운전면허증 딸 생각을 했지?' 라는 의문이 듭니다. 아이들에게 공부하라는 말은 쉽게 했는데, 막상 제가 공부해서 시험을 친다고 생각하니 겁이 났습니다. 무엇보다 합격하지 못할까 봐 혼자 걱정 많았습니다. 새벽에 일어나 문제집 보고, 또 잠이 안 오면 일어나 다시 문제집을 봤습니다. 시험을 치러 간 날, 문제를 보니 알쏭달쏭했습니다. 그래도 그동안의 노력이 힘을 발휘했는지, 한 번에 모두 합격했습니다. 진짜 날아갈 듯 기뻤습니다.

도로 연수를 하는 내내 얼마나 마음을 졸였는지 모릅니다. '지금이 아니면 더 이상은 안 된다'라는 딸의 권유에 몇 번 운전연습을 하기는 했는데, 개인적으로 사용할 수 있는 차가 없어 자연스럽게 흐지부지되고 말았습니다.
그렇게 시내에서 살다가 지금의 호계로 이사를 왔습니다.

지금은 많이 나아졌지만 당시만 해도 호계는 교통이 많이 불편했습니다. 버스도 몇 대밖에 없고, 어디 가려고 버스를 타려면 몇 십 분씩 기다리는 일이 예사였습니다. 그러다 보니 좋아하는 절에 가는 횟수도 눈에 띄게 줄었습니다. 그래서인지, 요즘은 혼자 그런 생각을 많이 합니다.

'그때 작은 소형차라도 하나 구해서 계속 운전했으면 어땠을까? 중고라도 사서 연습 삼아 몰고 다녔으면 지금은 잘하지 않았을까? 그랬으면 지금처럼 이렇게 불편하고 답답하게 생활하지 않았을 텐데'

칠십이 눈앞입니다.

칠십이라는 숫자가 다가오니 괜히 마음이 서글퍼지고, 아쉬운 것도 생각납니다. 후회되는 것들도 떠오릅니다. 별것 아닌 인생인데, 왜 그렇게 허둥대면서 살았나 싶기도 합니다.

무엇보다 제 자신과 제 삶에 대한 안타까움이 생겨납니다. 잠을 청하려고 누웠지만, 이런저런 생각에 금방 잠들지 못할 때가 많습니다. 나이가 들면 잠이 없어진다고 하더니, 그래서 그런가 싶기도 합니다. '세상살이가 다 이런 것이겠지'라고 생각하면서도 아쉬운 마음이 드는 것, 그게 인생인가 봅니다.

엄마, 미안해요.

친정엄마가 올해 88세입니다.

남편과 아들, 둘 다 먼저 떠나보내고 혼자 외롭게 지내고 계십니다. 오랫동안 시장에서 장사를 하신데다가, 상체가 크고 하체가 약한 탓에 친정엄마는 다리가 아프다는 얘기를 자주 하십니다. 특히 요즘 더 그런 것 같아 걱정이 많습니다.

딸이 여섯이나 되지만 각자 살기 바쁘다 보니 자주 찾아뵙지 못하고 있습니다. 그나마 다행스럽게도 입실에 살고 있는 여동생들이 시간이 날 때마다 엄마를 들여다보고 있습니다. 정형외과에서 주사도 맞고, 한의원에서 침도 맞으면서 여기저기 병원을 찾아다닌다는 소리에 다리 수술을 미리 못해드린 것이 두고두고 마음에 걸립니다. 지금은 수술을 해드리고 싶어도 연세 때문에 할 수 없다고 하니 더욱 안타까울 뿐입니다.

가만히 생각해보면 어떤 사람은 살아가는 동안 한 번도 겪지 않을 일을 몇 번이나 경험한 친정엄마입니다.

그렇잖아도 다정다감하고, 누구를 살뜰히 챙기는 분이 아닌데, 현실이 친정엄마를 더 무감각하고 둔한 사람으로 만들지 않았나 싶기도 합니다.

참 매운 인생입니다. 맏이가 되어 친정엄마의 마음도 헤아리지 못하고, 다리가 아픈 것도 미리 챙겨드리지 못했다는 생각에 늘 미안한 마음입니다.

"엄마, 미안해요. 미리 못 챙겨줘서 정말 미안해요"

정말로 네가 찾고 있는 게
뭔지 알지 못한다고 해서 쉽게 단념해버리지는 마.
세상은 네가 생각하는 것보다 훨씬 넓으니까.
언젠가 반드시 하고 싶은 일을 찾게 될 거고,
그 일로 누군가를 도울 수도 있을 거야.
네가 포기하지 않는 한 말이야.

-「딸아, 너는 인생을 이렇게 살아라」 중에서

예순여덟, 바라는 것이 있다면

대왕암 나들이

큰 손자가 올해 9살, 큰 며느리를 본지 거의 십 년이 다 되어갑니다. 주변에서 요즘 젊은 사람들은 '시'자가 들어가는 시금치도 안 먹는다고 들었습니다. 그런데 살아온 방식도 다르고, 환경도 다른데 그런 내색하지 않고 남편과 저를 이해해주려고 노력하는 모습이 얼마나 고마운지 모릅니다. 장날 시장에 있으면 "어머님, 너무 무거운 거 들고 다니지 마세요"라고 전화 주는 예쁜 며느리입니다.
그날도 비슷했습니다.

"어머님, 준비할 것 하나도 없어요.
 아버님과 함께 몸만 가시면 돼요!"

당일도 아닌 1박 2일, 시부모와의 여행이 불편할 수도 있었을 텐데, 아무 준비도 하지 말고 함께 대왕암에 가자는 연락이 왔습니다. 그렇게 따라나선 나들이였습니다.

지금껏 울산에 40년 넘도록 살면서 대왕암 근처에 그렇게 좋은 곳이 있는지 몰랐습니다. 아침에 일어나 대왕암 둘레길을 한 시간 정도 산책하고, 운동기구가 있는 곳에서 운동도

하고, 대왕암의 탁 트인 바다를 바라보는데 가슴이 뻥 뚫리는 것 같았습니다. 아침 일찍 배가 움직이는 모습, 분주하게 사람들이 움직이는 모습을 지켜보고 집으로 돌아오는데 '와, 정말 이곳에 와서 잘 먹고 잘 지내다 가는구나!' 싶었습니다.

아들도 아들이지만, 며느리의 마음 씀씀이가 고마울 뿐입니다. 방어진 등대도 돌고, 횟집에 들러 점심도 먹고, 손자, 손녀 재롱도 보고, 제 가슴속에 오래, 오래 기억될 여행을 보내고 왔습니다.

함께 살아가는 세상

식당에 갔을 때의 일입니다. 어린아이들이 정신없이 뛰어다니면서 사람들 사이를 비집고 다니는데, 아무리 생각해도 '이건 아닌데'라는 생각이 들었습니다. 자유롭게 아이를 키우는 것도 좋지만, 함께 살아가는 방법도 가르쳐야 한다고 생각합니다. 혼을 내거나 꾸중을 하라는 것이 아니라, 주위를 배려하는 노력은 필요하다고 생각합니다.

어른들의 방식에 대해 답답하다고 얘기하는 사람들도 있지만, 어른들도 '왜 저렇게 행동하지?', '왜 이 마음도 모를까?'라는 의문이 생기는 것도 많습니다. 다른 세월을 살아서 그런가, 이해하려고 노력해보지만 쉽지 않을 때가 많습니다.

요즘 학교에서 인성(人性)을 강조한다는 이야기를 들었습니다. 바람직한 현상입니다. 하지만 인성교육은 따로 가르치는 것이 아니라고 생각합니다. 일상 속에서 생활하면서 배우는 방법이 가장 좋은 방법이라고 생각합니다. 함께 살아가는 방법을 알게 하고 주위를 둘러볼 수 있도록 가르치는 것이 더 중요하다고 생각합니다.

누구도 혼자 살아갈 수는 없습니다. 함께 살아가려면, 함께 살아갈 수 있는 방법도 익혀야 합니다. '괜찮아'라고 말도 필요하지만, '그래도 이러면 안 돼'라는 말도 필요합니다.

이왕이면 좋은 말, 따뜻한 말

오래전 구인사 큰 스님 산소를 내려올 때의 일입니다. 번쩍이는 금목걸이와 팔찌로 온몸을 치장하고 큰 선글라스를 낀 부잣집 사모님 같은 분이 제 옆을 지나면서 이렇게 얘기했습니다.

"구인사라는 절, 큰 기업이네. 돈을 얼마나 들였을까?
 절도 옛말이지. 사업이야. 사업"

무슨 말이라도 하고 싶었지만, 속으로 '꾹' 참았습니다. 세상 모든 것이 그러하듯 보이는 것으로 모든 것을 판단하는 것은 위험한 일입니다. 구인사, 저마다의 바램이나 사연을 가지고 짧게는 1박2일, 길게는 4박 5일, 때로는 한 달씩 기도 하면서 마음 수양을 하는 곳입니다.

그 옛날, 이 높은 소백산에 달랑 초가집 하나였던 곳이 어떻게 지금의 모습을 이루게 되었는지 알지도 못한 채, 잠시 구경 와서 절도 사업이야, 사업이라고 말하니 마음이 불편했습니다.

그들에게 돈을 요구하거나 특별한 피해를 준 것도 아닌데, 누가 듣건 말건 함부로 이야기하는 모습이 보기 싫었습니다. 나이가 들어서인지 가볍게, 함부로 이야기하는 사람들이 별로 좋아 보이지 않습니다.

벼는 익을수록 고개를 숙인다는 말처럼, 오히려 정말 더 잘 아는 사람, 많이 아는 사람들은 가볍게 이야기하지 않는 것 같습니다. 말, 누구나 할 수 있는 것이지만, 아무렇게나 해도 되는 것은 아니라고 생각합니다.

말 한마디로 천 냥 빚을 갚는다는데, 이왕이면 좋은 말, 따뜻한 말, 기분 좋은 말을 하면 좋을 것 같습니다.

돈의 노예가 되지 않기를

돈이 전부인 것 같은 세상입니다. 지닌 것이 많지 않더라도 지혜롭고 현명하게 주어진 삶을 살아갔으면 좋겠습니다. 개도 안 물어간다는 돈, 그놈의 돈 때문에 사람을 살리고 죽인다는 소식을 뉴스에서 볼 때마다 가슴이 벌렁거립니다. 정말 '세상에 저런 일이'라는 소리가 저절로 나옵니다.

요지경 세상 같습니다. 바라는 것이 있다면, 아이들 모두 돈 앞에서 너무 욕심내지 않고 살아갔으면 좋겠습니다. 가진 것이 부족하다고 원망하는 사람이 되기보다는 가지고 있는 것에 감사하는 사람이 되었으면 좋겠습니다. 정당한 노력으로 얻을 수 있는 일에 최선을 다하며, 지나친 욕심으로 후회하는 일을 만들지 않았으면 좋겠습니다.

사실 유산이라는 것도 그렇습니다.

주위를 보면 유산 때문에 생각보다 다툼이 많습니다. 누구는 적게 주었고, 누구는 많이 주었고, 누구는 더 고생했는데 차이가 없고, 누구는 별로 한 것도 없는데 왜 똑같이 받아 가느냐, 얘기가 많습니다.

주위 사람들의 이야기를 듣다 보면 없던 걱정도 생겨납니다. 겉으로 보기에 아무 걱정 없어 보였는데, 유산 때문에 자식들끼리 싸움이 났다고 하면, 남의 일이지만 '혹시' 하는 생각과 함께 가슴이 철렁 내려앉습니다.

부모에게 받을 수 있으면 받는 것이고, 받을 수 있는 것이 없다고 해도 그건 어쩔 수 없는 일입니다. 사실 요즘 같은 세월에 부모도 남아있는 자신의 삶을 책임져야 하기 때문에 어지간히 재산이 많지 않으면 물려줄 유산도 그리 많지 않습니다. 자식들도 살기 어려운데 무언가를 바랄 수가 없으니, 어떻게든 살아내기 위해 노력해야 하는 것도 남아있는 시간 동안 부모들이 할 일입니다.

정말 개도 안 물어간다는 돈, 그 돈이 종종 사람을 잡는 모양입니다. 돈의 노예가 되지 않았으면 좋겠습니다.

사람보다 돈이 먼저라니, 그게 말이 되는 얘기인가요?

바라는 것이 있다면

딸이 시집 간 지 벌써 14년이 흘렀습니다. 두 아이를 낳아 그럭저럭 잘 살고 있습니다. 친정 일은 물론, 시댁일까지 야무지게 챙기는 딸입니다. 별로 아는 것이 없는 상태에서 시집을 가서, 늘 걱정이 많았습니다. 그런데 지금까지 지내 보니, 생각했던 것보다 훨씬 잘해주고 있습니다. 두 남동생을 챙기면서 동시에 부모 마음을 살펴주는 착한 딸입니다. 제게는 속마음을 털어놓을 수 있는 친구이기도 합니다.

가끔 딸에게 전화했다가 '엄마, 그게 아니야!', 혹은 '엄마가 욕심이 많아서 그래!'라는 핀잔을 듣기도 하지만, 그래도 누구보다 제 생각을 많이 해주는 딸입니다. 무엇보다 정직하고 바르게 살아가는 아이입니다.

다행히 제가 복이 있는지, 딸과 며느리들 사이도 제법 괜찮습니다. 함께 두런두런 이야기 나누는 모습을 보고 있으면 가만히 있어도 기분이 좋습니다. 거기에 두 아들 또한 맏사위에 대한 신뢰도 대단합니다. 참으로 감사한 일이지요. 저는 이런 것들이 중요하다고 생각합니다.

다른 사람과 잘 지내는 것도 좋지만, 가족 간에 마음을 나누는 일이 무엇보다 중요하다고 믿는 사람입니다.

살다 보면 생각지도 못한 어려운 일이 찾아오기도 하고, 예상하지도 못한 복을 만나기도 합니다. 아이들이 지금처럼 어려울 때는 함께 의논하고, 기쁠 때 함께 기뻐해 주면서 살아갔으면 좋겠습니다. 마음을 의지하면서 지혜롭게 살아갔으면 좋겠습니다. 나중에 남편과 제가 떠나고 난 후에도 말입니다.

확실하지는 않지만, 아마 세상 모든 부모의 마음이 저와 비슷하지 않을까 싶습니다.

공숙, 해숙, 응순, 옥선 - 1974.3

독신도 괜찮을 것 같아요

가끔 집에 혼자 있으면, 지금까지 살아오는 동안 무언가 이뤄놓은 것이 없다는 생각이 들 때가 있습니다. 그러면서 아주 가끔, 만약 다음 생(生)이 있다면, 그때는 독신으로 살아보면 어떨까라는 생각을 해보곤 합니다. 가난하고 돈이 없어서 포기했던 공부도 마음껏 해보고, 직접 운전해서 가고 싶은 곳도 자유롭게 다니면서 살고 싶다는 생각을 해봅니다. 모든 정성을 가정을 지키는 일에 쏟는 것이 아니라 제 자신을 위해 후회나 미련이 남지 않도록 살아보는 겁니다.

친정아버지는 늘 제게 말씀하셨습니다.

"부모님께 효도하는 사람이 되어야 한다"
"어른의 마음을 살필 줄 아는 사람이 되어야 한다"
"조상님을 잘 모셔야 한다."
"제사를 잘 모셔야 한다"
"자식을 위해 부모가 희생하는 것은 당연하다"
"가정을 지키는 것이 가장 중요하다"

친정아버지의 가르침대로 살아온 세월이 칠십 년이 다 되어갑니다. 친정아버지의 가르침은 틀리지 않았습니다. 덕분에 넉넉하지는 않지만, 필요한 자리에 마음을 낼 수 있는 사람이 되었고, 아이들 모두 출가시켜 각자의 가정을 일구었습니다. 하지만 그런 것들과 상관없이 한 사람의 삶으로 보았을 때 아쉬움이 생기는 것은 어쩔 수 없습니다.

'그때 그것을 했으면 좋았을 텐데'
'그 정도는 했어도 괜찮았을 텐데'
'너무 마음 쓰지 않아도 되었을 텐데'

인생이라는 것이 쉬운 것 같으면서도 어려운 것 같습니다. 무엇을 해도 후회가 남고, 어떤 선택을 해도 아쉬움이 남는 것 같습니다. 그래서인지, 서운한 마음이 생기려고 하다 보면 감사한 일이 생기고, '내 복이 많구나' 싶다가도 '이게 아닌데'라는 일이 생기곤 합니다. 진짜 알다가도 모르는 게 인생입니다. 지금부터는 이런저런 아쉬움을 뒤로하고, 남아있는 시간 동안만이라도 마음 편하게 생활해볼까 합니다. 가지고 있지 않은 것에 욕심내지 않고, 지니고 있는 것에 감사하며 살아가 볼 생각입니다. 살아온 인생에 대해서 아쉬움이 있는 사람이 어디 저 뿐이겠습니까? 그래도 다들 열심히 살아가잖아요. 저도 그러려고 합니다.

어느 할아버지의 유언

예전에는 맏이에게 재산을 많이 물려주는 것이 당연했습니다. 부모님이 돌아가시고 나면 맏이가 평생 제사를 지내고, 부모를 대신해 형제를 보살펴야 하기 때문에 모두 '그런가 보다' 했습니다. 하지만 부모의 마음을 몰라주는 사람들도 더러 있는 모양입니다.
우연히 알게 된 할아버지의 사연이 그랬습니다.

아들 셋, 딸 둘을 모두 출가시킨 후라고 들었는데, 병으로 갑자기 할머니가 쓰러지셨다고 합니다. 자식들이 모두 멀리 나가 있어 할아버지가 할머니를 3년 동안 지극정성으로 보살폈다고 합니다. 그렇지만 결국 할머니는 세상을 떠나셨고, 그로부터 얼마 지나지 않아 할아버지도 몸이 아파 요양병원에 입원하게 되었다고 했습니다. 연세가 90인데다가 자식들이 모두 멀리 떨어져 있으니 그럴 수밖에 없었겠지요.

살아생전 할아버지는 선산에 묻은 할머니 옆에 갈 거라고 가묘까지 만들어놓았다고 했습니다. 하지만 큰아들 내외가 할아버지가 6.25참전용사니까, 영천의 국립묘지에 안장하

자고 제안을 했다고 합니다. 할머니의 묘도 함께 이장하자면서 말이죠. 하지만 할아버지의 마음을 알고 있었던 가족들은 모두 반대를 했고, 다행히 할아버지는 바램대로 선산의 할머니 곁에 묻혔다고 합니다.

참전용사로 국립묘지에 묻히면 혜택받는 것이 있었던 모양입니다. 하지만 할아버지의 마지막 소원보다 어떻게든 무언가를 더 얻으려는 모습에 가족들 모두 실망했다고 들었습니다. 평생을 함께 고생하며 살아온 할머니에 대한 그리움을 큰아들 내외가 몰라줬던 것 같습니다. 이렇게 하면 유리하고, 저렇게 하면 불리하고… 계산이 빠르지 않아서인지, 듣는 제가 괜히 서운했습니다.

자식들이 부모에게 '우리 마음을 너무 모르는 것 같아요'라고 이야기하지만, 사실 자식들도 부모의 마음을 잘 모르는 것 같아요. 이야기를 하지 않아 모르는 것도 있지만, 이야기할 수 없는 그런 것들도 있거든요. 살아보니 그런 것 같아요.

누구보다 서로를 사랑하면서도 제대로 알지 못하는 사이, 그게 부모와 자식 사이가 아닌가 싶기도 합니다.

자만하지 않기를

항상 같은 시간이 되면 호미와 삽을 들고 집 앞을 지나가는 분이 계셨습니다. 남자분이라서 따로 이야기할 기회는 없었지만 매일 '오늘도 지나가시는구나'라고 생각만 하고 있었습니다. 하지만 어느 날부터인가 아저씨의 모습이 보이지 않았습니다. 처음에는 어디 여행이라도 가셨나, 싶었습니다. 하지만 몇 주가 지나도록 모습이 보이지 않았습니다. '혹시 어디 아픈 게 아닐까'라는 생각이 들 때쯤, 주위 분들을 통해 소식을 전해 들었습니다. 그동안 위암 말기로 고생이 심했는데, 결국 얼마 전에 돌아가셨다고.

야무진 외모로 평소 너무 건강해서 병원의 '병'자도 모르고 살았다고 했습니다. 그러던 어느 날 갑자기 병원에서 위암 말기 판정을 받았고, 급격한 속도로 건강이 나빠지면서 수술도 한 번밖에 받지 못했다고 했습니다.

그러다가 결국 한 달 만에 돌아가셨다고 합니다. 연세도 겨우 칠십 조금 넘었다고 들었는데, 가족들이 얼마나 안타까웠을까요.

나이 먹을수록 '건강에 자만하지 않아야 한다'라는 생각을 자주 합니다. 지나치게 병원에 자주 가는 것도 문제겠지만, '나는 괜찮아'라고 지내는 것도 좋은 방법이 아닌 것 같습니다.

젊다고 병에 걸리지 않고, 늙었다고 병에 걸리는 게 아닌 것 같습니다. 주위를 보면 젊은데도 몸이 아파 고생하는 사람들이 생각보다 많거든요. 건강, 나이를 떠나 너무 자만하지 않았으면 좋겠습니다.

죽음의 복

저는 천태종 신자입니다.

천태종 총본산, 구인사에 기도하러 가는 것을 제일 좋아합니다. 저를 천태종과 구인사로 인도해주신 분이 바로 시숙모님이십니다. 숙모님은 제가 진심으로 좋아하고 존경하는 분입니다. 작은 아버님이 아흔에 세상을 떠나셨는데, 마지막 길까지 모든 정성을 다하셨고 큰 아들이 갑작스럽게 위암 판정을 받았을 때에도 지극정성으로 보살펴 완치시킨 분입니다.

숙모님은 작은 아버님을 집에서 병간호해왔는데, 도중에 숙모님이 많이 편찮아지셔서 두 달 정도 요양병원에 모신 적이 있습니다. 하지만 그마저도 서운했는지, 작은 아버님은 숙모님에게 서운한 마음을 이야기했다고 들었습니다. 그 얘기에 미안하다고 대답한 숙모님의 소식까지.

숙모님의 고생은 뒤로하고, 작은 아버님만 보면 참 복이 많은 분이라는 생각이 듭니다. 아들 셋, 딸 셋을 잘 키워 모두 결혼시키고 숙모님의 극진한 간호를 받으면서 세상을 떠나셨으니까요.

'긴 병에 효자 없다'라는 말도 있지만, 5년이 넘는 시간 동안 곁에서 병간호하신 숙모님이 정말 대단하다고 생각합니다. 부처님에 대한 믿음으로 살아가는 숙모님, 부처님의 제자로 부끄러움 없이 살아가는 것을 몸소 보여주신 숙모님, 숙모님의 말씀 오래, 오래 기억할게요.

누구나 가슴에 하나씩 아픔이 있다

우연한 기회로 알게 된 아주머니의 사연입니다.
아주버니의 친정 남동생이 결혼한 지 7년 정도 되었는데, 올케가 현재 투병 중이라고 했습니다. 혈액암으로 서울에서 항암치료를 받고 있다고 하는데, 치료 도중에 몸에 열이 너무 많이 나서 현재 2번밖에 치료받지 못하고 중단한 상태라고 했습니다. 아무것도 먹지 못하고, 잠도 제대로 잘 수 없는 상태라서 올케의 친정엄마가 곁에서 24시간 보살핀다고 들었습니다.

아픈 자식을 지켜보는 친정엄마의 마음은 오죽할까요. 그 속은 얼마나 까맣게 타들어갔을까요? 자식을 낳아 기르는 동안 '절대로 내게는 그런 일이 생기지 않았으면 좋겠어요'라고 기도하지만, 인생은 예측불허인 것 같아요.
올해 34살이라는 올케는 다섯 살 난 딸 생각에 얼마나 밤잠을 설칠까요. 이런저런 생각이 떠오르는데, 마치 제 일처럼 마음이 아팠습니다.

다른 사람의 아픔 속에서 자신의 행복을 찾는 것이 얼마나 이기적인 행동인지는 알지만, 그 이야기를 듣는 순간 솔직히 감사했습니다. 가족들 중에 몸이 아파서 병원에 입원한 사람이 없다는 사실과 어쩔 수 없이 떨어져 생활하는 사람들이 없다는 사실이 너무 감사했습니다.
그러면서 부처님께 기도했습니다.

'부처님, 부처님. 정말 기적이 있다면, 기적이 기적처럼 일어날 수 있다면, 그 가족에게 기적이 생겼으면 좋겠습니다. 아주 조금이라도 차도가 생겨 세 가족이 함께 얼굴 보면서 살 수 있도록 도와주세요'

걱정이 너무 많은 것도 문제

처음에 남편이 봉제 사업을 시작한다고 했을 때 진짜 열심히 반대했습니다. 가진 돈이 없는 것은 물론이고, 지니고 있는 것이라고는 달랑 집 하나뿐이었습니다. 집을 얻기 위해 빌린 돈도 아직 많이 남아 있는 데다가 수중에 현금이 하나도 없는 상태에서 사업을 시작하겠다는 남편 때문에 얼마나 많이 다퉜는지 모릅니다.

'이대로 모두 잃어버리면 어떻게 하나'
'세 아이와 거리로 쫓겨나게 되면 어떻게 하나'

수많은 걱정이 저를 괴롭혔고, 밤마다 남편에게 사업할 수 없는 상황을 설명했지만, 어떤 방법으로도 남편을 이길 수 없었습니다. 결국 남편은 공업용 미싱 3대로 사업을 시작했습니다.

정말 그때의 고생은 말로 표현할 수 없습니다. 아침 일찍 일어나 세 아이들을 챙겨 학교에 보내고 정신없이 준비해서 공장으로 달려갔습니다. 공업용 미싱은 만져본 적도 없는 제가 낮에는 오바로크를 하고, 밤에는 혼자 남아 제품이

나갈 수 있도록 뒷마무리 작업을 했습니다. 돈이 없다 보니 일하는 사람을 여유 있게 고용할 형편이 아니었습니다. 저녁 늦게까지 혼자 공장에 있으면 무서워 문을 잠가놓고 일한 날도 많습니다. 원래의 성격 탓도 있겠지만, 누가 시킨 것도 아닌데 억척스럽게 일했습니다. '열심히 하지 않으면 큰일 난다'라는 마음으로 말입니다. 물론 성실하고 책임감 강한 남편에게 생각은 있었겠지만, 그때는 하루하루가 불안한 날들의 연속이었습니다. 어제 받아온 돈으로 오늘 재봉실을 사고, 오늘 받은 돈으로 내일 임금을 줘야 하는 그런 시절이었습니다.

열심히 일하는 것 밖에는 방법이 없었습니다. 그렇게 열심히 일하면서도 혹시 사업이 잘못되어 집을 잃어버리면 어떻게 하나, 거리로 쫓겨나면 어떻게 하나 걱정이 머리를 떠나지 않았습니다. 그게 벌써 이십 년도 더 지난 이야기입니다.

돌이켜 생각해보면 어떻게 지나왔나, 싶습니다. 가끔 처음에 사업한다고 할 때, 그렇게 걱정하지 않았어도 괜찮았을 턴데, 라는 생각이 들기도 합니다. 아마 가진 것이 너무 없으니, 그러지 않았나 싶습니다.

하나밖에 없는데, 그 하나를 잃을 수 있다는 생각에 쉽게 마음을 내려놓지 못했습니다.

살면서 어려움이 없다는 말은 거짓인 것 같습니다. 감당하기 힘든 선택을 해야 할 때가 찾아옵니다. 그럴 때 너무 걱정을 많이 한다거나, 부정적으로 바라보는 것은 그리 좋은 방법이 아닌 것 같습니다. 어떻게든 살아지겠지, 라고 여유롭게 바라보는 마음도 조금은 필요한 것 같습니다.

사실 걱정을 많이 한다고 해서 갑자기 좋아지거나 나빠지는 건 아닌 것 같거든요.

그놈의 술이 뭐길래

누가 이런 말을 만들었는지 모르겠습니다.
 '전생의 원수가 만나서 부부가 된다'

칠십을 갓 넘긴 아주머니의 이야기가 꼭 그랬습니다.
술을 지나치게 많이 먹는 남편, 거기에 성격까지 괴팍해서 밥상을 던지거나 살림살이를 부수는 일이 다반사였다고 합니다. 무섭고 두려운 마음에 함께 살지 않으려고 밤마다 도망치는 상상을 했다고 합니다. 하지만 넷이나 되는 아이들을 두고는 도저히 그렇게 할 수 없었다고 합니다. 남편의 학대와 구박을 받으면서 고아와 다름없이 성장할 것을 생각하니 발길이 떨어지지 않았다고 했습니다.

 '나만 참으면 되는데'
 '나만 참으면 되는데'

하루, 한 달, 일 년, 십 년, 삼십 년, 사십 년을 그렇게 살아왔다고 합니다. 다행히 아이들은 모두 착하게 자라주었고, 지금은 모두 결혼해 가정을 꾸려 잘 살고 있다고 합니다.

특히 아들들은 아버지의 모습이 얼마나 큰 상처였으면 어른이 된 지금까지 입에 술을 대지 않는다고 했습니다. 아이들에게 지울 수 없는 상처로 남았던 모양입니다. 억척같이 살아낸 세월의 보상인지 엄마를 따뜻하게 챙겨주는 아이들과 함께 지내는데, 어느날, 남편이 갑자기 폐암 선고를 받았다고 합니다. 그리고 어떻게 손을 써 볼 사이도 없이 한 달 만에 세상을 떠났다고 합니다.

남편이 죽고 나면 속이 후련할 줄 알았는데, 죽을 만큼 미워했던 남편이었는데, 정말 원수 같았던 남편이었는데, 그렇게 갑자기 세상을 떠나고 나니 하늘이 무너지는 느낌이었다고 합니다. 미우나 고우나 몇 십 년을 함께 살아온 세월 때문인지, 장례식을 마치고 집으로 돌아오는데 허망함이 이루 말할 수 없었다고 합니다. 부부가 살다가 한 명이 먼저 떠나고 나면 남는 사람들은 모두 그런 마음이 들겠지요. 하지만 세월이 약이라고, 지금은 많이 나아졌다고 했습니다. 그러면서 쓸쓸하게 말씀하셨습니다.

"그놈의 술이 뭐길래"
"길지도 않은 인생, 술 때문에 고생한 거 생각하면 억울해요"
"술만 아니었으면 훨씬 더 잘 살았을 텐데"

생각보다 술 때문에 마음고생하는 사람들이 주위에 많습니다.

기분 좋게 먹고, 즐겁게 일어설 수 있을 만큼 먹는 게 중요한 것 같아요. 살다 보면 생각지도 못한 어려운 일이 여기저기에서 생기는데, 술 때문에 마음 상하게 된다면 더 힘들 것 같아요.

정말 "그놈의 술이 뭐길래"라는 소리가 나오지 않도록, 술 드시는 분들, 조금 더 주위를 배려하면서 드셨으면 좋겠어요.

어느 할머니의 사연

함께 정광사에 다니면서 알게 된 할머니의 이야기에요. 할아버지가 팔십에 지병으로 세상을 떠나셨고, 할아버지가 모든 재산을 정리해 할머니와 자식들에게 나눠주었다고 했습니다. 할머니 앞으로는 작은 집 한 채와 약간의 현금을 남겨주었고, 나머지는 모두 자식들에게 나눠주었다고 합니다.

아들 둘, 딸 하나, 할아버지를 떠나보내고 혼자 생활하는 할머니는 자주 서운한 마음이 생긴다고 했습니다. 궁금한 마음에 자식들에게 전화하면 모두 바쁘다고 이야기하고, 걱정스러운 마음에 이런저런 얘기를 하면 '잔소리하려면 전화하지 마세요'라고 말한다고 했습니다. 늙은 것도 서럽고, 혼자 지내는 것도 서글픈데, 그런 소리를 듣고 나면 많이 속상하다고 했습니다.

멀리 떨어져 있어 목소리라도 들으려고 전화한 것인데, 그 마음을 몰라주는 것 같아 서운하다고 했습니다. 지금껏 자식이 전부인 줄 알고 키웠는데, 혼자 자란 것처럼 말하고 행동하는 모습에 '다음에는 절대 먼저 전화 안 해야지'

라고 다짐하면서도 손은 어느새 전화기를 들고 있다고 했습니다. 그런 할머니의 사연을 듣고 있는데, 제 마음이 짠했습니다. 그리고 그 마음이 무엇인지 조금은 알 것 같았습니다.

나이를 먹고 나니 보이는 것이 있고, 나이를 먹고 나니 알게 되는 것이 있고, 나이를 먹고 나니 찾아오는 감정이 있습니다. 예전에는 보이지도 않았고, 알려고도 하지 않았는데, 저절로 찾아오는 낯선 것들이 있습니다. 할머니의 사연을 듣는데 괜히 걱정이 생겼습니다. 나중에 궁금한 마음으로 전화했는데 '잔소리하려면 전화하지 마세요'라고 얘기하면 그때는 어떻게 해야 하나, 싶었습니다.

세월이 바뀌고 있다는 것을 실감하고 있습니다. 무조건 이래야 한다는 방식으로는 해결되지 않는다는 것도 알고 있습니다. 하지만 그래도 함께 살아가는 세상, 조금만 마음을 살펴주면 좋을 것 같습니다. 내 부모니까, 내 자식이니까, 라는 마음으로.

관세음보살 십자수

딸이 첫 손녀를 임신했을 때 십자수로 관세음보살을 완성해 제게 가져다주었습니다. 제가 좋아하는 관세음보살님을 예쁘게 하나, 하나 수놓은 솜씨에 얼마나 감동했는지 모릅니다. 그러다가 둘째를 임신하고는 '반야심경'을 십자수로 완성해 제게 선물해주었습니다. 그 마음이 기특해 '고맙다'라는 말로 마음을 전한 기억이 납니다. 하지만 생활하면서 지내보니 딸이 왜 제게 그런 선물을 주었는지, 딸이 어떤 바램으로 수를 놓았는지 조금 알 것 같았습니다.

언제나 변치 않는 부처님의 제자가 되겠다고 다짐하는 저를 위해 교통이 불편해 정광사에 자주 가지 못하더라도 집 안에서 관세음보살님도 보고, 반야심경에 수 놓아진 부처님도 보면서, 마음을 위로받으라는 의미인 것을 한참 후에 알았습니다. 엄마를 생각하는 그 마음이 얼마나 고마운지 모르겠습니다.

십자수로 관세음보살님 수놓을 때 뱃속에 있던 손녀가 올해 중학교에 입학했습니다. 반야심경을 한 땀, 한 땀 수놓을 때 뱃속에 있던 손자도 초등학교 4학년이 되었습니다.

세월이 유수 같다고 하더니, 정말 빠르지요?
그렇게 저도 68살이 되었습니다.

p.s 영아, 엄마가 관세음보살님과 반야심경을 보면서 아침, 저녁으로 '영원한 불제자로 살아가겠다'라고 두 손 모아 합장하고 다짐한단다. 나중에 훗날 엄마가 없으면 관세음보살님과 반야심경 집에 걸어놓고, 엄마 보는 마음으로 아침저녁에 합장하고 인사해주렴. 부모 마음 알아주려고 노력하는 우리 딸, 고맙다.

무자식이 상팔자라고 하지만

주위에 보면 의외로 불임 때문에 마음고생하시는 사람들이 많습니다. 제 주변에도 그런 집이 있는데, 젊은 나이에 아들이 장가를 갔지만 십 년이 없도록 자식이 없어 걱정이라고 했습니다. 아들은 물론, 며느리도 집에 다니러 오면 마음 불편해하는 게 눈에 보인다고 했습니다. 아들 내외는 물론 아주머니까지 '원인 없는 불임'에 답답하다고 이야기를 하면 또 다른 사연이 밀고 들어옵니다.

"그래도 그 집은 장가라도 갔잖아요.
우리 집에는 마흔을 훌쩍 넘긴 아들이 아직까지 장가갈 생각을 안 하고 있어요. 진짜 장난이 아니에요"

친구는 물론 지인들까지 모두 며느리와 사위를 맞이했는데, 자신은 하나 밖에 없는 아들이 아직까지 집을 떠나지도 않고 곁에 있어 얼마나 힘든지 모른다고 이야기합니다.
"진짜 다 큰 자식이 함께 있는 것도 보통 일이 아니긴 해요"
그렇게 맞장구를 치고 있으면 또 새로운 이야기가 고개를 내밉니다.

"아니에요. 요즘은 결혼했다가 이혼하는 사람이 얼마나 많은데요. 아무나 하고 결혼하는 것보다 차라리 혼자 사는 게 더 나아요"
"그렇지만 나중에 부모 죽고 나면 그때는 어떻게 해요. 그래도 혼자보다는 둘이 낫죠"

사실 자식 이야기를 하다 보면 시간이 어떻게 가는지 모릅니다. 어디서부터 시작했는지 모르겠지만, 아이들 이야기를 하다 보면 끝이 없습니다. '무자식이 상팔자'라는 말도 있지만, 그래도 자식이 있으니 할 얘기가 있는 것 같아요. 마흔이 넘도록 시집가지 않아 걱정이라고 얘기해도, 딸 쌍둥이만 낳고 더 이상 아이를 낳지 않아 큰일이라고 얘기해도, 그래도 자식이 있으니 웃고 우는 것 같습니다.

'가지 많은 나무 바람 잘 날 없다'라고 얘기하지만, 그래도 가지 없는 나무보다는 가지 많은 나무가 가을에 훨씬 풍성합니다. 이 마음도 몰라주나 싶어 서운하다가도 '엄마'라고 불러주면 금세 마음이 풀어지는 게 엄마입니다. 자식들과 함께 나이 먹었습니다. 곧 칠십이 됩니다. 언제 떠날지 알 수 없지만, 함께 있는 동안 좋은 추억 많이 만들고 싶습니다. 서로 아껴주면서 따뜻하게 지내다가 미련 없이 떠났으면 좋겠습니다.

아무리 운명이 뒤통수를 쳐서
살을 다 깎아 먹고 뼈만 남는다 해도 울지 마라.
기본만 있으면 다시 일어날 수 있다.
살이 아프다고 징징거리는 시간에
차라리 뼈나 제대로 추려라. 그게 살 길이다.
그것은 삶에 대한 의연함, 용기, 당당함과
인내의 힘이자 바로 희망의 힘이다.

- 「살아온 기적, 살아갈 기적」 중에서

에필로그　후회 없이 살고 싶다

'죽음의 복'이 찾아왔으면 좋겠습니다.

죽는 순간까지 자식들에게 짐이 되는 일없이 제 힘으로 일상을 무리 없이 이어가고 싶습니다. 자식들을 부담스럽게 하거나 마음에 빚을 남기는 일은 없었으면 좋겠습니다. 부처님의 제자답게 나눌 수 있는 것은 나누고, 베풀 수 있는 것은 베풀면서 살다가 '아, 조금 아깝다' 싶을 때 훌훌 떠나고 싶습니다.

칠십이라는 숫자가 다가오니, 제 마음도 다시 살펴보게 되고, 지나온 시간도 되돌아보게 됩니다. 앞만 보고 정신없이 달려왔더니, 코앞에 칠십입니다. 참 빠르지요. 여기저기 100세 시대라고 얘기하지만 실감 나지는 않습니다.

부처님 말씀에 사람으로 태어나기가 어렵다고 했는데, 사람으로 태어난 이번 생(生) 동안 좋은 일도 많이 하고, 마음 수양도 많이 하고 싶습니다. 사람으로 태어나, 딸로 살다가, 잠시 여자로 살다가, 엄마로 살다가, 다시 사람으로 살아가고 있습니다.

한 번뿐인 인생, 지금부터라도 남은 인생 후회가 생기지 않도록 마음껏 살아보고 싶습니다.

우리는 '누군가의 기도'로 살아간다.

원고 완성 작업을 위해 울산을 다녀온 날의 일입니다. 예전 교통사고로 인한 후유증인지 그렇잖아도 걱정 많은 성격인데, 혼자 운전해서 내려간다고 하니 엄마의 걱정이 이만저만이 아닌 모양이었습니다.
"고속도로에 차가 많은데 조심해서 오도록 해"
"큰 차 옆에는 절대 가지 않도록 해"
"혹시라도 졸음 오면 휴게소에 꼭 들어가"

울산에서 돌아올 때도 사정은 비슷했습니다. 짐을 싣고 차를 출발하려고 하는데, 똑같은 이야기가 다시 들려왔습니다.
"고속도로에 차가 많은데 조심해서 가도록 해"
"큰 차 옆에는 절대 가지 않도록 해"
"혹시라도 졸음 오면 휴게소에 꼭 들어가"

엄마에게 나도 지지 않겠다는 듯, 엄마에게 이런저런 딴소리를 늘어놓았습니다.
"엄마, 모두 다 좋을 수는 없는 거야"
"엄마, 그래도 좋은 것도 있잖아. 그거만 생각해"
"엄마, 마음 편한 게 제일이야"

그런 내 모습에도 아랑곳하지 않고, 엄마는 듣는 둥, 마는 둥이었습니다.
 "알았어. 알았어. 근데, 큰 차 옆에 가면 안 돼!"
 "속도 내지 말고 가. 알았지?"
상황이 이쯤 되면 다른 방법이 없습니다.

 "네, 알겠습니다!! 어머님!!!
　큰 차 피하고, 천천히 가고, 휴게소 들어갈게요"

그제서야 마음이 놓이는지 엄마의 목소리가 한결 여유로워졌습니다.
 "그래, 조심해서 이제 얼른 가.
　네가 집에 가서 전화해야 엄마가 마음이 놓여"
 "응, 엄마!"
 "엄마, 나, 간다. 마음 편하게 지내고 있어. 날씨 선선해지면 우리 서울 나들이 한번 가.. 나 이제 출발한다!"
 "그래, 얼른 가~~"

인사를 끝내고 천천히 차를 출발시키는데, 사이드미러를 통해 두 손 모아 합장하고 내 차를 향해 몸을 숙여 기도하는 엄마의 모습이 보였습니다.

나는 압니다. 엄마가 어떤 마음으로, 어떤 기도를 하고 있는지. 지금껏 엄마는 부처님에게 마음을 의지하면서 살아왔습니다. 불안함도 부처님께 기도하면서 다스려왔습니다. 아마 집에 들어가 엄마에게 잘 도착했음을 알리는 전화를 하기 전까지, 엄마는 어디까지 갔는지, 잘 가고 있는지 묻고 싶은 마음을 달래며 기다리고 있을 것입니다.

집으로 돌아와 전화를 했더니, 이제야 마음이 놓인다는 엄마. 엄마와의 통화를 끊고 휴대폰을 내려놓는데, 문득 그런 생각이 들었습니다.

 '우리는 누군가의 기도로 살아간다'

부모가 되었을 때,
비로소 우리는 부모님의 사랑을 알게 된다.

- 헨리워드 비처

보왕삼매론(寶王三昧論)

몸에 병 없기를 바라지 말라.
몸에 병이 없으면 탐욕이 생기기 쉽나니,
그래서 성인이 말씀하시되
「병고로써 양약을 삼아라」 하셨느니라.

세상살이에 곤란함이 없기를 바라지 말라.
세상살이에 곤란함이 없으면 업신여기는 마음과 사치한 마음이 생기나니, 그래서 성인이 말씀하시되
「근심과 곤란으로써 세상을 살아가라」 하셨느니라.

공부하는 데 마음에 장애 없기를 바라지 말라.
마음에 장애가 없으면 배우는 것이 넘치게 되나니,
그래서 성인이 말씀하시되
「장애 속에서 해탈을 얻어라」 하셨느니라.

수행하는데 마(魔)가 없기를 바라지 말라.
수행하는데 마가 없으면 서원이 굳건해지지 못하나니,

그래서 성인이 말씀하시되
「모든 마군으로써 수행을 도와 주는 벗을 삼아라」 하셨느니라.

일을 꾀하되 쉽게 되기를 바라지 말라.
일이 쉽게 되면 뜻을 경솔한 데 두게 되나니,
그래서 성인이 말씀하시되
「여러 겁을 겪어서 일을 성취하라」 하셨느니라.

친구를 사귀되 내가 이롭기를 바라지 말라.
내가 이롭고자 하면 의리를 상하게 되나니,
그래서 성인이 말씀하시되
「순결로써 사귐을 길게 하라」 하셨느니라.

남이 내 뜻대로 순종해주기를 바라지 말라.
남이 내 뜻대로 순종해주면 마음이 스스로 교만해지나니,
그래서 성인이 말씀하시되
「내 뜻에 맞지 않는 사람들로써 원림(園林)을 삼아라」
하셨느니라.

공덕을 베풀면 과보를 바라지 말라.
과보를 바라면 도모하는 뜻을 가지게 되나니,
그래서 성인이 말씀하시되
「덕 베푸는 것을 헌 신짝처럼 버려라」 하셨느니라.

이익을 분에 넘치게 바라지 말라.
이익이 분에 넘치면 어리석은 마음이 생기나니,
그래서 성인이 말씀하시되
「적은 이익으로써 부자가 되라」 하셨느니라.

억울함을 당해서 밝히려고 하지 말라.
억울함을 밝히면 원망하는 마음을 돕게 되나니,
그래서 성인이 말씀하시되
「억울함을 당하는 것으로 수행하는 문을 삼아라」 하셨느니라.

엄마 얘기 한번 들어볼래? (예순여덟, 엄마의 글쓰기)

1쇄 발행 2018년 9월 8일
지은이 양옥선

발행처 담다
발행인 김수영
디자인 고현경
제 작 네오시스템

등록번호 제25100-2018-2호
주소 대구광역시 달서구 조암로 25
메일 damdanuri@naver.com
블로그 blog.naver.com/damdanuri
문의 070-7520-2645
팩스 070-2645-8707
ISBN 979-11-960763-6-8 (03810)

책값은 뒤표지에 표시되어 있습니다.
잘못된 책은 구입하신 서점에서 바꾸어 드립니다.
이 책의 내용을 재사용하려면 저자권자와 도서출판 담다의 동의가 필요합니다.

생각을 담다. 마음을 나누다.
도서출판 담다에서는 소중한 원고를 기다립니다.
출간에 대한 기획이나 원고가 있으신 분은 damdanuri@naver.com으로 보내주세요.